EBS 생수다
생생한 영어 수다

문장 구조
잉글리시헌트연구소

12 구조
입에 익히기

생생하게 살아 있는 영어 수다!

> 내 생각을 영어로 **길게** 말하고 싶어요.

> 영어를 **막히지 않고 술술** 말하고 싶어요.

> 영어의 구조를 **간단명료하게** 이해해서 활용하고 싶어요.

> 머리에서 맴도는 영어를 **자신 있게** 말하고 싶어요.

> **영어 문법 실력을 늘리고** 듣기, 읽기 실력도 키우고 싶어요.

소리로 익혀 입에 새기는 영어
생수다

Fun & Long-Term Retention Memory!
주요 문장을 노래로 **재미있게** 익혀 기억에 오래 남아요!

Frequently-Used Expressions!
빈출 표현을 익혀서 **단기간에 효율적으로** 실력을 늘릴 수 있어요.

Authentic!
원어민이 사용하는 **구어체 표현 습득으로** 영화와 미드도 즐길 수 있어요.

Confident!
원어민과 실전 연습을 통해 **자신 있게** 말할 수 있어요.

Active Learner!
다양한 활동을 통해 저절로 **영어학습 습관을 형성하여** 능동적 학습자가 될 수 있어요.

- ☑ **POINT 1** **반복연습**으로 저절로 이해되는 영어!
- ☑ **POINT 2** 입에 바로 새기는 영어! **툭 치면 탁!** 영어가 술술 ~
- ☑ **POINT 3** 간단한 문장에서 **긴 문장까지 척척!**
- ☑ **POINT 4** 문장 구조를 분석하면서 익히는 생생한 **생활영어!**

이렇게 학습하세요!

하나, 교재로 학습하기

문장 구조 익히기
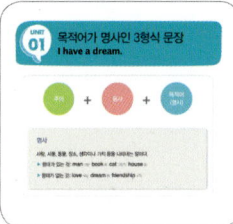
일목요연하게 정리된 주요 문장 구조를 익힙니다. 특히 1~4주의 문장 성분 분석을 통해 앞으로 어떤 문장이든 그 구조를 바로 파악할 수 있습니다.

문장 구조 적용하여 말하기

방금 배운 문장 구조를 적용하는 주요 문장 10개를 익힙니다. 온라인과 연계하여 대화로 익힐 수 있습니다.

기억해서 말하기

주요 문장을 우리말만 보고 기억해서 소리 내어 말해 봅니다. 툭 치면 탁! 나올 때까지 연습!

사진 보고 말하기

사진을 보고 직접 문장을 구성하여 말해 봅니다. 문장을 바르게 배열하거나, 주어진 어구를 보고 문장을 완성해 봅니다.

두울, 온라인으로 학습하기

Lecture

생수다의 비법을 전하는 본 강의를 들어 보세요. 간단명료한 강의를 듣고, 보고, 따라하다 보면 문장 구조를 익히면서 회화 실력이 동시에 쑥쑥!

Practice
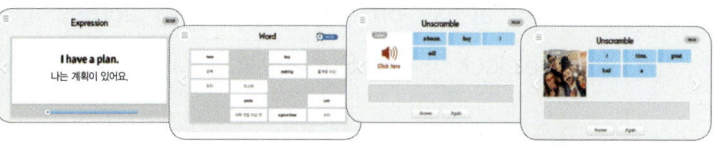
다양한 활동을 통해 목표 문장과 단어를 암기하고, 반복 학습하세요.
툭 치면 탁! 떨어지는 생생한 영어 수다를 경험할 수 있습니다.

Song

문법도 재미있게 익힐 수 있어요! 1주일 동안 학습한 문장을 담은 뮤직비디오를 따라하다 보면 주요 문장 구조가 머리에 쏙쏙, 입은 흥얼흥얼!

Recording
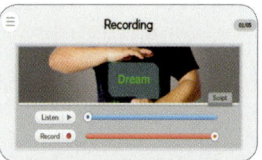
학습한 문장을 듣고 녹음하여 완벽히 습득했는지 확인하고 자신의 발음도 확인할 수 있습니다.

Conversation

원어민과의 가상 대화를 통해 효과적으로 영어 문장을 연습할 수 있습니다.

www.ebslang.co.kr에서 온라인/모바일 동시 학습이 가능합니다

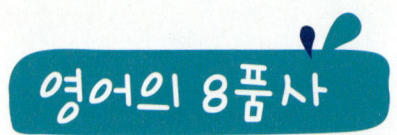
영어의 8품사

▶ **명사:** 사람, 사물, 동물, 장소, 생각이나 가치 등을 나타내는 말이다.
　　singer 가수　bag 가방　cat 고양이　bank 은행　love 사랑　happiness 행복

▶ **대명사:** 앞에서 나온 명사를 대신하는 말이다.
　　I 나　he 그　she 그녀　you 너, 당신들, 너를, 당신들을　they 그들　me 나를

▶ **동사:** 주어의 동작이나 상태를 나타내는 말이다.
　　run 달리다　eat 먹다　be ~이다, ~이 있다　become ~이 되다　feel 느끼다

▶ **형용사:** 명사를 수식하거나 주어 혹은 목적어를 보충해 주는 말이다.
　　happy 행복한　good 좋은　big 큰　kind 친절한　old 오래된, 나이 든

▶ **부사:** 장소, 방법, 시간 등을 나타내면서 형용사, 동사, 다른 부사, 문장 전체 등을 수식하는 말이다.
　　there 거기에　soon 곧　slowly 천천히　quickly 빨리　well 잘　fortunately 다행히도

▶ **전치사:** 명사 앞에서 장소, 시간 등을 나타내는 말이다.

장소	in ~ 안에　at ~에서　on ~ 위에　under ~ 아래에　across ~ 건너편에　in front of ~ 앞에
시간	at 7 o'clock 7시에　on Sunday 일요일에　in June 6월에　in the morning 오전에

　　• 혼동하기 쉬운 전치사 for vs. during
　　　– for + 구체적 숫자　　　　　for 10 minutes 10분 동안　for an hour 한 시간 동안
　　　– during + 기간을 나타내는 말　during the holidays 휴일 동안　during the winter 겨울 동안

▶ **감탄사:** 기쁨, 슬픔, 놀람, 실망, 분노 등의 감정을 나타내는 말이다.
　　Wow! 우와!　Oh! 오!　Oops! 아이쿠!　Bravo! 브라보!　Ta-da! 짜-짠!

▶ **접속사:** 단어와 단어, 구와 구, 절과 절, 문장과 문장을 연결해 주는 말이다.
　　• 등위접속사: and 그리고　but 그러나　or 또는
　　• 상관접속사: not only~ but also… ~뿐만 아니라 …도　either ~ or… ~혹은 …
　　• 종속접속사: because ~때문에　when ~할 때　since ~이래　though ~에도 불구하고　if ~라면

문장의 구성 요소

▶ **주어:** 문장에서 동사의 주체가 되는 말로 주로 문장의 맨 앞에 온다.
  '~은, ~는, ~이, ~가'를 붙여 해석한다.

  <u>I</u> enjoy reading. **나는** 독서를 즐긴다.
  주어

▶ **동사:** 주어의 동작이나 상태를 나타내는 말로 주로 주어 다음에 온다.
  '~이다, ~하다'를 붙여 해석한다.

  I <u>enjoy</u> reaing. 나는 독서를 **즐긴다**.
     동사

▶ **목적어:** 주어가 하는 생각이나 행동의 대상을 나타내는 말로 주로 동사 다음에 온다.
  '~을, ~를'을 붙여 해석한다.

  I enjoy <u>reading</u>. 나는 **독서를** 즐긴다.
            목적어

▶ **보어:** 주어나 목적어를 보충해 주는 말로, 주로 주어나 목적어의 신분, 지위, 상태 등을 나타낸다.
  주어를 보충할 때는 주격 보어, 목적어를 보충할 때는 목적격 보어라 한다.

  My hobby is <u>reading</u>. 나의 취미는 **독서**이다.   I call him *Hero*. 나는 그를 **히어로**라고 부른다.
                 주격 보어   목적격 보어

Contents

WEEK 01 — 3형식 문장

Unit 01	목적어가 명사인 3형식 문장	12
Unit 02	목적어가 대명사인 3형식 문장	16
Unit 03	목적어가 to부정사인 3형식 문장	20
Unit 04	목적어가 동명사인 3형식 문장	24
Unit 05	Review	28

WEEK 02 — 5형식 문장

Unit 06	목적격 보어가 명사인 5형식 문장	34
Unit 07	목적격 보어가 형용사인 5형식 문장	38
Unit 08	목적격 보어가 to부정사인 5형식 문장	42
Unit 09	목적격 보어가 동사원형인 5형식 문장	46
Unit 10	Review	50

WEEK 03 — 2형식 문장

Unit 11	주격 보어가 명사인 2형식 문장	56
Unit 12	주격 보어가 형용사인 2형식 문장	60
Unit 13	주격 보어가 to부정사나 동명사인 2형식 문장	64
Unit 14	주격 보어가 that절인 2형식 문장	68
Unit 15	Review	72

WEEK 04 1형식과 4형식 문장	Unit 16	부사(구)가 더해진 1형식 문장	78
	Unit 17	There is/are 구문	82
	Unit 18	수여동사가 사용된 4형식 문장	86
	Unit 19	4형식 문장을 3형식 문장으로 전환하기	90
	Unit 20	Review	94

WEEK 05 현재 시제	Unit 21	현재 시제	100
	Unit 22	현재 시제의 부정문과 의문문	104
	Unit 23	현재진행 시제	108
	Unit 24	현재진행 시제의 부정문과 의문문	112
	Unit 25	Review	116

WEEK 06 과거 시제	Unit 26	과거 시제	122
	Unit 27	과거 시제의 부정문과 의문문	126
	Unit 28	과거진행 시제	130
	Unit 29	과거진행 시제의 부정문과 의문문	134
	Unit 30	Review	138

WEEK 07 미래 시제

Unit	제목	페이지
Unit 31	미래 시제 will	144
Unit 32	미래 시제 will의 부정문과 의문문	148
Unit 33	미래 시제 be going to	152
Unit 34	미래 시제 be going to의 부정문과 의문문	156
Unit 35	Review	160

WEEK 08 현재완료 시제

Unit	제목	페이지
Unit 36	현재완료 시제의 경험적 용법	166
Unit 37	현재완료 시제 경험적 용법의 부정문과 의문문	170
Unit 38	현재완료 시제의 계속적 용법	174
Unit 39	현재완료 시제 계속적 용법의 부정문과 의문문	178
Unit 40	Review	182

WEEK 09 단어로 문장 확장

Unit	제목	페이지
Unit 41	형용사로 문장 확장하기 Ⅰ	188
Unit 42	형용사로 문장 확장하기 Ⅱ	192
Unit 43	부사로 문장 확장하기 Ⅰ	196
Unit 44	부사로 문장 확장하기 Ⅱ	200
Unit 45	Review	204

WEEK 10 — 구(Phrase)로 문장 확장

Unit 46	명사구로 문장 확장하기	210
Unit 47	형용사구로 문장 확장하기	214
Unit 48	부사구로 문장 확장하기	218
Unit 49	전치사구로 문장 확장하기	222
Unit 50	Review	226

WEEK 11 — 절(Clause)로 문장 확장

Unit 51	시간을 나타내는 부사절로 문장 확장하기	232
Unit 52	이유나 원인을 나타내는 부사절로 문장 확장하기	236
Unit 53	조건을 나타내는 부사절로 문장 확장하기	240
Unit 54	목적이나 결과를 나타내는 부사절로 문장 확장하기	244
Unit 55	Review	248

WEEK 12 — 관계대명사로 문장 확장

Unit 56	관계대명사 who로 문장 확장하기	254
Unit 57	관계대명사 which로 문장 확장하기	258
Unit 58	관계대명사 that으로 문장 확장하기	262
Unit 59	관계대명사 what으로 문장 확장하기	266
Unit 60	Review	270

Appendix 275

EBS 생수다
생생한 영어 수다

WEEK 01 — 3형식 문장

3형식 문장은 주어, 동사, 목적어로 이루어진 문장이다.

Unit 01 목적어가 명사인 3형식 문장

Unit 02 목적어가 대명사인 3형식 문장

Unit 03 목적어가 to부정사인 3형식 문장

Unit 04 목적어가 동명사인 3형식 문장

Unit 05 Review

목적어가 명사인 3형식 문장
I have a dream.

명사

사람, 사물, 동물, 장소, 생각이나 가치 등을 나타내는 말이다.

▶ 형태가 있는 것: **man** 사람 **book** 책 **cat** 고양이 **house** 집
▶ 형태가 없는 것: **love** 사랑 **dream** 꿈 **friendship** 우정

3형식 문장 구조

주어	동사	목적어 (명사)
~은/는/이/가	~하다	~을/를
I 나는	have 가지다	a dream. 꿈을
I 나는	like 좋아하다	movies. 영화를
I 나는	will buy 살 것이다	a car. 차를

오늘의 표현 10

	주어	동사	목적어 (명사)
1	I	have	a dream.
	저는 꿈이 있어요.		
2	I	have	a plan.
	저는 계획이 있어요.		
3	I	have	nothing.
	저는 아무것도 갖고 있지 않아요.		
4	I	had	a great time.
	저는 즐거운 시간을 보냈어요.		
5	I	had	a difficult time.
	저는 힘든 시간을 보냈어요.		
6	I	like	cars.
	저는 자동차를 좋아해요.		
7	I	like	pasta.
	저는 파스타를 좋아해요.		
8	I	like	movies.
	저는 영화를 좋아해요.		
9	I	will buy	a car.
	저는 자동차를 살 거예요.		
10	I	will buy	a house.
	저는 집을 살 거예요.		

Target Words

have 가지다, (시간 등을) 보내다 (과거형 had)
nothing 아무것도 아닌 것
like 좋아하다
will ~할 것이다

dream 꿈
a great time 즐거운 시간
pasta 파스타
buy 사다, 구입하다

plan 계획
a difficult time 힘든 시간
movie 영화
house 집, 주택

Unit 01

생수다 연습

우리말에 해당하는 영어 표현을 소리 내어 말해 보세요.

	주어	동사	목적어 (명사)
저는 꿈이 있어요.			
저는 계획이 있어요.			
저는 아무것도 갖고 있지 않아요.			
저는 즐거운 시간을 보냈어요.			
저는 힘든 시간을 보냈어요.			
저는 자동차를 좋아해요.			
저는 파스타를 좋아해요.			
저는 영화를 좋아해요.			
저는 자동차를 살 거예요.			
저는 집을 살 거예요.			

3형식을 활용한 명언

Only I can change my life.
오직 나만이 내 인생을 바꿀 수 있다.
— Carol Burnett

생수다 연습 2

사진을 보고, 문장을 완성하여 말해 보세요.

1

a dream. / have / I

_____

2

I / nothing. / have

_____

3

a great time. / had / I

_____

4

like / movies. / I

_____

5

will buy / I / a house.

_____

1. I have a dream. 2. I have nothing. 3. I had a great time. 4. I like movies. 5. I will buy a house.

목적어가 대명사인 3형식 문장
I believe it.

대명사

▶ 앞에서 나온 명사를 대신하는 말이다.

▶ 목적어로 사용되는 대명사

me 나를 you 너를 him 그를 her 그녀를 it 그것을 us 우리들을 you 너희들을 them 그들을

3형식 문장 구조

주어	동사	목적어 (대명사)	부사(구)
~은/는/이/가	~하다	~을/를	-
I 나는	believe 믿다	it. 그것을	-
I 나는	met 만났다	him 그를	at the library. 도서관에서
I 나는	saw 보았다	her 그녀를	this morning. 오늘 아침에

오늘의 표현 10

	주어	동사	목적어 (대명사)	부사(구)
1	I	believe	it.	–
	저는 그것을 믿어요.			
2	I	like	you.	
	저는 당신을 좋아해요.			
3	I	respect	you.	–
	저는 당신을 존경해요.			
4	I	called	her.	–
	저는 그녀에게 전화했어요.			
5	I	trust	you.	–
	저는 당신을 믿어요.			
6	I	met	him	at the library.
	저는 그를 도서관에서 만났어요.			
7	I	met	her	in Paris.
	저는 그녀를 파리에서 만났어요.			
8	I	saw	her	at the bank.
	저는 그녀를 은행에서 보았어요.			
9	I	met	him	yesterday.
	저는 그를 어제 만났어요.			
10	I	met	her	last Saturday.
	저는 그녀를 지난 토요일에 만났어요.			

Target Words

believe 믿다
trust 믿다, 신뢰하다
Paris 파리
yesterday 어제

respect 존경하다
meet 만나다 (과거형 met)
see 보다 (과거형 saw)
last 지난

call 전화하다, 부르다
library 도서관
bank 은행
Saturday 토요일

생수다 연습

우리말에 해당하는 영어 표현을 소리 내어 말해 보세요.

	주어	동사	목적어 (대명사)	부사(구)
저는 그것을 믿어요.				
저는 당신을 좋아해요.				
저는 당신을 존경해요.				
저는 그녀에게 전화했어요.				
저는 당신을 믿어요.				
저는 그를 도서관에서 만났어요.				
저는 그녀를 파리에서 만났어요.				
저는 그녀를 은행에서 보았어요.				
저는 그를 어제 만났어요.				
저는 그녀를 지난 토요일에 만났어요.				

3형식을 활용한 명언

If you can dream it, you can do it.

당신이 그것을 꿈꿀 수 있으면, 당신은 그것을 할 수 있다.

— Walt Disney

생수다 연습 2

사진을 보고, 주어진 단어와 어구를 사용하여 우리말에 알맞은 영어 문장을 말해 보세요.

저는 그것을 믿어요.

believe

___

저는 당신을 좋아해요.

like

___

저는 당신을 존경해요.

respect

___

저는 그를 도서관에서 만났어요.

met, at the library

___

저는 그녀를 은행에서 보았어요.

saw, at the bank

___

1. I believe it. 2. I like you. 3. I respect you. 4. I met him at the library. 5. I saw her at the bank.

Unit 02

UNIT 03 목적어가 to부정사인 3형식 문장
I want to have a sports car.

to부정사
▶ 「to + 동사원형」의 형태로 명사, 형용사, 부사 역할을 한다.
▶ to부정사를 목적어로 취하는 대표적인 동사
   want 원하다 **expect** 기대하다, 바라다 **decide** 결정하다, 결심하다 **hope** 희망하다 **plan** 계획하다

3형식 문장 구조

주어	동사	목적어 (to부정사)
~은/는/이/가	~하다	~하기를
I 나는	want 원하다	to have a sports car. 스포츠카를 갖기를
I 나는	expect 기대하다	to see you soon. 당신을 곧 보기를
I 나는	decided 결심했다	to delete all the photos. 모든 사진을 삭제하기를

오늘의 표현 10

	주어	동사	목적어 (to부정사)
1	I	want	to have a sports car.
	저는 스포츠카를 갖고 싶어요.		
2	I	want	to have a house.
	저는 집을 갖고 싶어요.		
3	I	want	to have a mentor.
	저는 멘토를 갖고 싶어요.		
4	I	want	to have a pet.
	저는 애완동물을 갖고 싶어요.		
5	I	want	to have dinner now.
	저는 지금 저녁 식사를 하고 싶어요.		
6	I	expect	to finish it within the hour.
	저는 시간 내에 그것을 끝내길 바라요.		
7	I	expect	to meet you at the mall.
	저는 쇼핑몰에서 당신을 만나길 바라요.		
8	I	expect	to see you soon.
	저는 당신을 곧 뵙기를 바라요.		
9	I	decided	to delete all the photos.
	저는 모든 사진을 삭제하기로 결심했어요.		
10	I	decided	to join the tennis club.
	저는 테니스 동호회에 가입하기로 결심했어요.		

Target Words

want 원하다
pet 애완동물
within (특정 시간) 이내에
delete 지우다, 삭제하다

sports car 스포츠카
expect 바라다, 기대하다
mall 쇼핑몰
photo 사진

mentor 멘토, 조언자
finish 끝내다, 마치다
decide 결심하다, 결정하다
join 가입하다, 합류하다

생수다 연습

우리말에 해당하는 영어 표현을 소리 내어 말해 보세요.

	주어	동사	목적어 (to부정사)
저는 스포츠카를 갖고 싶어요.			
저는 집을 갖고 싶어요.			
저는 멘토를 갖고 싶어요.			
저는 애완동물을 갖고 싶어요.			
저는 지금 저녁 식사를 하고 싶어요.			
저는 시간 내에 그것을 끝내길 바라요.			
저는 쇼핑몰에서 당신을 만나길 바라요.			
저는 당신을 곧 뵙기를 바라요.			
저는 모든 사진을 삭제하기로 결심했어요.			
저는 테니스 동호회에 가입하기로 결심했어요.			

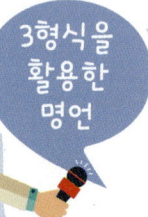

3형식을 활용한 명언

If you really want to do something, you'll find a way.

당신이 뭔가 하기를 진정으로 원한다면, 당신은 방법을 찾을 것이다.

— Jim Rohn

생수다 연습 2

사진을 보고, 문장을 완성하여 말해 보세요.

1

want / to have a sports car. / I

_____

2

I / to have a mentor. / want

_____

3

to have a pet. / want / I

_____

4

I / to meet you / expect / at the mall.

_____

5

decided / I / to join the tennis club.

_____

1. I want to have a sports car. 2. I want to have a mentor. 3. I want to have a pet. 4. I expect to meet you at the mall. 5. I decided to join the tennis club.

UNIT 04 목적어가 동명사인 3형식 문장
I have to keep on working hard.

동명사

▶ 「동사+-ing」의 형태로 명사 역할을 한다.

▶ 동명사를 목적어로 취하는 대표적인 동사
enjoy 즐기다 mind 꺼리다, 싫어하다 give up 포기하다 finish 끝내다
consider 고려하다, 생각하다 avoid 피하다

3형식 문장 구조

주어	동사	목적어 (동명사)
~은/는/이/가	~하다	~하기를
I 나는	have to keep on 계속해서 ~해야 한다	working hard. 열심히 일하기를
I 나는	am considering 고려하는 중이다	selling my car. 내 차를 팔기를
I 나는	love 정말 좋아하다	listening to classical music. 클래식 음악 듣는 것을

오늘의 표현 10

	주어	동사	목적어 (동명사)
1	I	have to keep on	working hard.
	저는 계속해서 열심히 일해야 해요.		
2	I	have to keep on	exercising.
	저는 계속해서 운동을 해야 해요.		
3	I	have to keep on	updating my blog.
	저는 계속해서 제 블로그를 업데이트해야 해요.		
4	I	have to keep on	renewing my driver's license.
	저는 계속해서 운전면허를 갱신해야 해요.		
5	I	have to keep on	practicing English.
	저는 계속해서 영어를 연습해야 해요.		
6	I	am considering	moving to another city.
	저는 다른 도시로 이사 가는 것을 고려 중이에요.		
7	I	am considering	selling my car.
	저는 제 차를 파는 것을 고려 중이에요.		
8	I	love	listening to classical music.
	저는 클래식 음악 듣는 것을 정말 좋아해요.		
9	I	love	reading travel blogs.
	저는 여행 블로그 보는 것을 정말 좋아해요.		
10	I	love	swimming.
	저는 수영하는 것을 정말 좋아해요.		

Target Words

keep on 계속해서 ~하다
renew 갱신하다, 새로 교체하다
consider 고려하다, 생각하다
listen to ~을 듣다

exercise 운동하다
driver's license 운전면허증
move to ~로 이사 가다
classical music 클래식 음악, 고전 음악

update 업데이트하다, 갱신하다
practice 연습하다
another 다른, 또 하나의
travel blog 여행 블로그

Unit 04

생수다 연습

우리말에 해당하는 영어 표현을 소리 내어 말해 보세요.

	주어	동사	목적어 (동명사)
저는 계속해서 열심히 일해야 해요.			
저는 계속해서 운동을 해야 해요.			
저는 계속해서 제 블로그를 업데이트해야 해요.			
저는 계속해서 운전면허를 갱신해야 해요.			
저는 계속해서 영어를 연습해야 해요.			
저는 다른 도시로 이사 가는 것을 고려 중이에요.			
저는 제 차를 파는 것을 고려 중이에요.			
저는 클래식 음악 듣는 것을 정말 좋아해요.			
저는 여행 블로그 보는 것을 정말 좋아해요.			
저는 수영하는 것을 정말 좋아해요.			

3형식을 활용한 명언

I hate giving advice because people won't take it.

나는 충고하는 것을 싫어하는데 왜냐하면 사람들이 들으려 하지 않기 때문이다.

- Jack Nicholson

생수다 연습 2

사진을 보고, 주어진 어구를 사용하여 우리말에 알맞은 영어 문장을 말해 보세요.

저는 계속해서 열심히 일해야 해요.

working hard

저는 계속해서 운전면허를 갱신해야 해요.

renewing my driver's license

저는 계속해서 영어를 연습해야 해요.

practicing English

저는 다른 도시로 이사 가는 것을 고려 중이에요.

moving to another city

저는 클래식 음악 듣는 것을 정말 좋아해요.

listening to classical music

1. I have to keep on working hard. 2. I have to keep on renewing my driver's license. 3. I have to keep on practicing English. 4. I am considering moving to another city. 5. I love listening to classical music.

UNIT 05 Review

우리말을 영어로 소리 내어 말해 보고, 말할 때마다 ■에 √표 해 보세요.

	1회	2회	3회
1 저는 꿈이 있어요.	■	■	■
2 저는 계획이 있어요.	■	■	■
3 저는 아무것도 갖고 있지 않아요.	■	■	■
4 저는 즐거운 시간을 보냈어요.	■	■	■
5 저는 힘든 시간을 보냈어요.	■	■	■
6 저는 자동차를 좋아해요.	■	■	■
7 저는 파스타를 좋아해요.	■	■	■
8 저는 영화를 좋아해요.	■	■	■
9 저는 자동차를 살 거예요.	■	■	■
10 저는 집을 살 거예요.	■	■	■
11 저는 그것을 믿어요.	■	■	■
12 저는 당신을 좋아해요.	■	■	■
13 저는 당신을 존경해요.	■	■	■
14 저는 그녀에게 전화했어요.	■	■	■
15 저는 당신을 믿어요.	■	■	■
16 저는 그를 도서관에서 만났어요.	■	■	■
17 저는 그녀를 파리에서 만났어요.	■	■	■
18 저는 그녀를 은행에서 보았어요.	■	■	■
19 저는 그를 어제 만났어요.	■	■	■
20 저는 그녀를 지난 토요일에 만났어요.	■	■	■

	1회	2회	3회

21 저는 스포츠카를 갖고 싶어요.

22 저는 집을 갖고 싶어요.

23 저는 멘토를 갖고 싶어요.

24 저는 애완동물을 갖고 싶어요.

25 저는 지금 저녁 식사를 하고 싶어요.

26 저는 시간 내에 그것을 끝내길 바라요.

27 저는 쇼핑몰에서 당신을 만나길 바라요.

28 저는 당신을 곧 뵙기를 바라요.

29 저는 모든 사진을 삭제하기로 결심했어요.

30 저는 테니스 동호회에 가입하기로 결심했어요.

31 저는 계속해서 열심히 일해야 해요.

32 저는 계속해서 운동을 해야 해요.

33 저는 계속해서 제 블로그를 업데이트해야 해요.

34 저는 계속해서 운전면허를 갱신해야 해요.

35 저는 계속해서 영어를 연습해야 해요.

36 저는 다른 도시로 이사 가는 것을 고려 중이에요.

37 저는 제 차를 파는 것을 고려 중이에요.

38 저는 클래식 음악 듣는 것을 정말 좋아해요.

39 저는 여행 블로그 보는 것을 정말 좋아해요.

40 저는 수영하는 것을 정말 좋아해요.

Unit 05

UNIT 05 Review

앞에서 말한 영어 문장을 확인해 보세요.

1	저는 꿈이 있어요.	I have a dream.
2	저는 계획이 있어요.	I have a plan.
3	저는 아무것도 갖고 있지 않아요.	I have nothing.
4	저는 즐거운 시간을 보냈어요.	I had a great time.
5	저는 힘든 시간을 보냈어요.	I had a difficult time.
6	저는 자동차를 좋아해요.	I like cars.
7	저는 파스타를 좋아해요.	I like pasta.
8	저는 영화를 좋아해요.	I like movies.
9	저는 자동차를 살 거예요.	I will buy a car.
10	저는 집을 살 거예요.	I will buy a house.
11	저는 그것을 믿어요.	I believe it.
12	저는 당신을 좋아해요.	I like you.
13	저는 당신을 존경해요.	I respect you.
14	저는 그녀에게 전화했어요.	I called her.
15	저는 당신을 믿어요.	I trust you.
16	저는 그를 도서관에서 만났어요.	I met him at the library.
17	저는 그녀를 파리에서 만났어요.	I met her in Paris.
18	저는 그녀를 은행에서 보았어요.	I saw her at the bank.
19	저는 그를 어제 만났어요.	I met him yesterday.
20	저는 그녀를 지난 토요일에 만났어요.	I met her last Saturday.

21	저는 스포츠카를 갖고 싶어요.	I want to have a sports car.
22	저는 집을 갖고 싶어요.	I want to have a house.
23	저는 멘토를 갖고 싶어요.	I want to have a mentor.
24	저는 애완동물을 갖고 싶어요.	I want to have a pet.
25	저는 지금 저녁 식사를 하고 싶어요.	I want to have dinner now.
26	저는 시간 내에 그것을 끝내길 바라요.	I expect to finish it within the hour.
27	저는 쇼핑몰에서 당신을 만나길 바라요.	I expect to meet you at the mall.
28	저는 당신을 곧 뵙기를 바라요.	I expect to see you soon.
29	저는 모든 사진을 삭제하기로 결심했어요.	I decided to delete all the photos.
30	저는 테니스 동호회에 가입하기로 결심했어요.	I decided to join the tennis club.
31	저는 계속해서 열심히 일해야 해요.	I have to keep on working hard.
32	저는 계속해서 운동을 해야 해요.	I have to keep on exercising.
33	저는 계속해서 제 블로그를 업데이트해야 해요.	I have to keep on updating my blog.
34	저는 계속해서 운전면허를 갱신해야 해요.	I have to keep on renewing my driver's license.
35	저는 계속해서 영어를 연습해야 해요.	I have to keep on practicing English.
36	저는 다른 도시로 이사 가는 것을 고려 중이에요.	I am considering moving to another city.
37	저는 제 차를 파는 것을 고려 중이에요.	I am considering selling my car.
38	저는 클래식 음악 듣는 것을 정말 좋아해요.	I love listening to classical music.
39	저는 여행 블로그 보는 것을 정말 좋아해요.	I love reading travel blogs.
40	저는 수영하는 것을 정말 좋아해요.	I love swimming.

"꿈은 이루어진다!"

I have a dream.

I believe it.

I want to have a sports car.

I have to keep on working hard.

QR코드로 대표 문장이 담긴 노래를 들으실 수 있습니다.

WEEK 02

5형식 문장

5형식 문장은 주어, 동사, 목적어, 목적격 보어로 이루어진 문장이다.

- **Unit 06**   목적격 보어가 명사인 5형식 문장
- **Unit 07**   목적격 보어가 형용사인 5형식 문장
- **Unit 08**   목적격 보어가 to부정사인 5형식 문장
- **Unit 09**   목적격 보어가 동사원형인 5형식 문장
- **Unit 10**   Review

목적격 보어가 명사인 5형식 문장
I call him *Hero*.

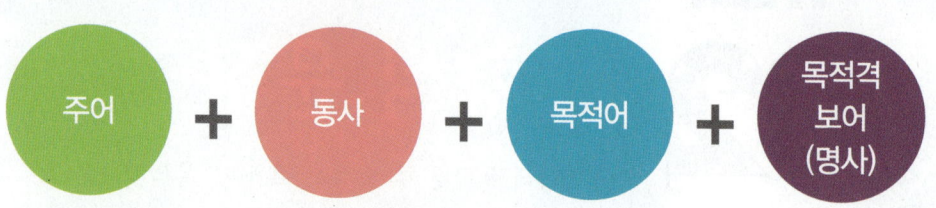

1 목적어와 목적격 보어
- ▶ 목적어: 동사가 나타내는 동작이나 상태의 대상이 되는 말이다.
- ▶ 목적격 보어: 목적어를 설명해 주는 말로 목적어의 신분, 상태, 동작 등을 나타낸다.

2 3형식 문장과 5형식 문장
- ▶ 3형식 문장: 「주어 + 동사 + 목적어」
- ▶ 5형식 문장: 「주어 + 동사 + 목적어 + 목적격 보어」

3 목적격 보어: 명사
- ▶ 목적어의 신분이나 지위 등을 나타낼 때 목적격 보어로 명사를 사용할 수 있다.

5형식 문장 구조

주어	동사	목적어	목적격 보어 (명사)
~은/는/이/가	~하다	~을/를	~(으)로/~(이)라고
I 나는	call 부르다	him 그를	*Hero*. 히어로라고
I 나는	consider 생각하다	him 그를	a genius. 천재라고
He 그는	made 만드셨다	me 나를	a strong leader. 강력한 지도자로

34 생생한 영어 수다

오늘의 표현 10

	주어	동사	목적어	목적격 보어 (명사)
1	I	call	him	*Hero.*
	저는 그를 히어로라고 불러요.			
2	I	call	him	*Captain.*
	저는 그를 캡틴이라고 불러요.			
3	I	call	her	genius.
	저는 그녀를 천재라고 불러요.			
4	I	call	her	honey.
	저는 그녀를 자기라고 불러요.			
5	I	call	her	angel.
	저는 그녀를 천사라고 불러요.			
6	I	consider	him	a genius.
	저는 그를 천재라고 생각해요.			
7	I	consider	her	my best friend.
	저는 그녀를 단짝 친구라고 생각해요.			
8	I	consider	her	an angel.
	저는 그녀를 천사라고 생각해요.			
9	My teacher	made	me	a strong leader.
	우리 선생님께서 저를 강력한 지도자로 만드셨어요.			
10	My parents	made	me	a good citizen.
	우리 부모님께서 저를 훌륭한 시민으로 만드셨어요.			

Target Words

call 부르다
genius 천재
consider 생각하다, 간주하다
strong 강력한

hero 영웅
honey (좋아하는 사람을 부르는 애칭) 허니, 여보, 자기
best friend 단짝 친구, 절친한 친구
leader 지도자

captain 대장, 주장
angel 천사
make ~으로 되게 하다[만들다]
citizen 시민

Unit 06

생수다 연습

우리말에 해당하는 영어 표현을 소리 내어 말해 보세요.

	주어	동사	목적어	목적격 보어 (명사)
저는 그를 히어로라고 불러요.				
저는 그를 캡틴이라고 불러요.				
저는 그녀를 천재라고 불러요.				
저는 그녀를 자기라고 불러요.				
저는 그녀를 천사라고 불러요.				
저는 그를 천재라고 생각해요.				
저는 그녀를 단짝 친구라고 생각해요.				
저는 그녀를 천사라고 생각해요.				
우리 선생님께서 저를 강력한 지도자로 만드셨어요.				
우리 부모님께서 저를 훌륭한 시민으로 만드셨어요.				

5형식을 활용한 명언

I have a hero. I call him Dad.

나에게 영웅이 있다. 나는 그를 아빠라고 부른다.

— Anonymous

생수다 연습 2

사진을 보고, 문장을 완성하여 말해 보세요.

1

him / call / I / *Hero*.

_____

2

I / *Captain*. / him / call

_____

3

her / call / honey. / I

_____

4

consider / him / I / a genius.

_____

5

a good citizen. / made / My parents / me

_____

1. I call him *Hero*. 2. I call him *Captain*. 3. I call her honey. 4. I consider him a genius. 5. My parents made me a good citizen.

UNIT 07 목적격 보어가 형용사인 5형식 문장
He made me happy.

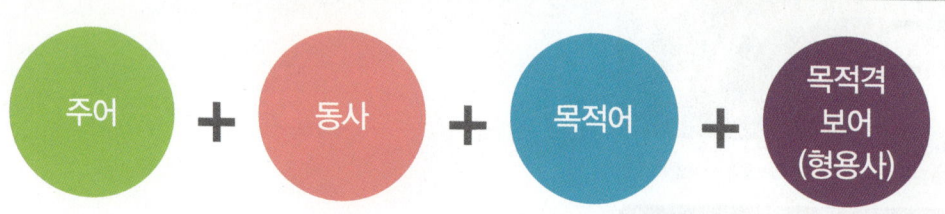

목적격 보어: 형용사

▶ 목적어의 감정 변화를 나타낼 때 목적격 보어로 형용사를 사용한다.

▶ 감정을 나타내는 형용사

happy 행복한 sad 슬픈 good 좋은 bad 나쁜 great 정말 좋은, 기쁜 fine 좋은

5형식 문장 구조

주어	동사	목적어	목적격 보어 (형용사)
~은/는/이/가	~하다	~을/를	~하게/~하도록
He 그는	made 했다/만들었다	me 나를	happy. 행복하게
The summer heat 여름 더위가	made 했다/만들었다	me 나를	thirsty. 목마르게
This song 이 노래가	makes 하다/만들다	her 그녀를	nostalgic. 향수에 젖게

38 생생한 영어 수다

오늘의 표현 10

	주어	동사	목적어	목적격 보어 (형용사)
1	He	made	me	happy.
	그는 저를 행복하게 했어요.			
2	He	made	me	motivated.
	그는 저에게 의욕이 생기게 했어요.			
3	This program	made	me	excited.
	이 프로그램이 저를 신나게 했어요.			
4	This story	made	me	sad.
	이 이야기가 저를 슬프게 했어요.			
5	The noise	made	me	annoyed.
	그 소음이 저를 짜증 나게 했어요.			
6	The smell of pizza	made	me	hungry.
	피자 냄새가 저를 배고프게 했어요.			
7	The summer heat	made	me	thirsty.
	여름 더위가 저를 목마르게 했어요.			
8	The movie's ending	made	me	sad.
	그 영화의 결말이 저를 슬프게 했어요.			
9	This song	makes	her	nostalgic.
	이 노래는 그녀를 향수에 젖게 해요.			
10	This picture	makes	him	happy.
	이 사진은 그를 행복하게 해요.			

Target Words

happy 행복한
sad 슬픈
hungry 배고픈
ending 결말

motivated 동기가 부여된, 의욕이 생기는
annoyed 짜증 나는
heat 더위, 열기
nostalgic 향수를 불러 일으키는

excited 신나는, 흥분한
smell 냄새
thirsty 목마른
사진, 그림

Unit 07

생수다 연습

우리말에 해당하는 영어 표현을 소리 내어 말해 보세요.

	주어	동사	목적어	목적격 보어 (형용사)
그는 저를 행복하게 했어요.				
그는 저에게 의욕이 생기게 했어요.				
이 프로그램이 저를 신나게 했어요.				
이 이야기가 저를 슬프게 했어요.				
그 소음이 저를 짜증 나게 했어요.				
피자 냄새가 저를 배고프게 했어요.				
여름 더위가 저를 목마르게 했어요.				
그 영화의 결말이 저를 슬프게 했어요.				
이 노래는 그녀를 향수에 젖게 해요.				
이 사진은 그를 행복하게 해요.				

5형식을 활용한 명언

Simplicity makes me happy.
단순한 것이 나를 행복하게 한다.

— Alicia Keys

생수다 연습 2

사진을 보고, 주어진 단어를 사용하여 우리말에 알맞은 영어 문장을 말해 보세요.

그는 저를 행복하게 했어요.

made, happy

이 이야기가 저를 슬프게 했어요.

made, sad

그 소음이 저를 짜증 나게 했어요.

made, annoyed

여름 더위가 저를 목마르게 했어요.

made, thirsty

이 사진은 그를 행복하게 해요.

makes, happy

1. He made me happy. 2. This story made me sad. 3. The noise made me annoyed. 4. The summer heat made me thirsty. 5. This picture makes him happy.

Unit 07

UNIT 08 목적격 보어가 to부정사인 5형식 문장
I want you to come back.

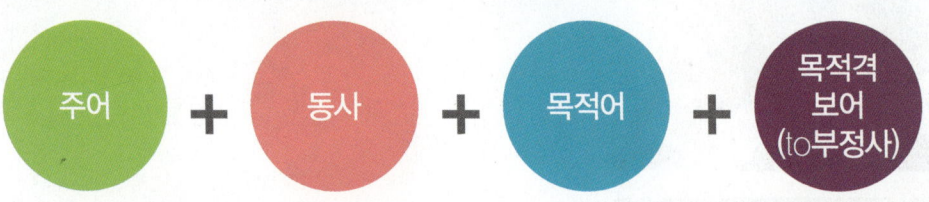

1 목적격 보어: to부정사
▶ 목적어의 동작이나 상태를 나타낼 때 목적격 보어로 to부정사를 사용할 수 있다.

2 3형식 문장과 5형식 문장 비교
▶ 3형식 문장: 「주어 + 동사 + 목적어」

I want to sing. 저는 노래하고 싶어요.

▶ 5형식 문장: 「주어 + 동사 + 목적어 + 목적격 보어」

I want you to sing. 저는 당신이 노래하길 원해요.

5형식 문장 구조

주어	동사	목적어	목적격 보어 (to부정사)
~은/는/이/가	~하다	~이/가/에게	~하기를
I 나는	want 원하다	you 네가	to come back. 돌아오길
I 나는	asked 부탁했다	him 그에게	to clean the room. 방 청소하길
She 그녀는	wants 원하다	him 그가	to wash the dishes. 설거지하길

오늘의 표현 10

 08

	주어	동사	목적어	목적격 보어 (to부정사)
1	I	want	you	to come back.
	저는 당신이 돌아오길 원해요.			
2	I	want	you	to have fun.
	저는 당신이 즐거운 시간을 보내길 원해요.			
3	I	want	you	to call me.
	저는 당신이 저에게 전화해 주길 원해요.			
4	I	want	you	to sing for me.
	저는 당신이 저를 위해 노래해 주길 원해요.			
5	I	want	you	to cook for us.
	저는 당신이 우리를 위해 요리해 주길 원해요.			
6	I	asked	him	to clean the room.
	저는 그에게 방 청소하길 부탁했어요.			
7	I	asked	him	to wash the dishes.
	저는 그에게 설거지하길 부탁했어요.			
8	I	asked	her	to do the laundry.
	저는 그녀에게 빨래하길 부탁했어요.			
9	He	wants	me	to clean the room.
	그는 제가 방 청소하길 원해요.			
10	She	wants	him	to wash the dishes.
	그녀는 그가 설거지하길 원해요.			

Target Words

want 원하다
call 전화하다
cook 요리하다
room 방

come back 돌아오다
sing 노래하다
ask 요청하다, 부탁하다
wash the dishes 설거지하다

have fun 흥겨워하다, 재미있게 놀다
for ~을 위해
clean 청소하다
do the laundry 빨래하다

Unit 08

생수다 연습

우리말에 해당하는 영어 표현을 소리 내어 말해 보세요.

	주어	동사	목적어	목적격 보어 (to부정사)
저는 당신이 돌아오길 원해요.				
저는 당신이 즐거운 시간을 보내길 원해요.				
저는 당신이 저에게 전화해 주길 원해요.				
저는 당신이 저를 위해 노래해 주길 원해요.				
저는 당신이 우리를 위해 요리해 주길 원해요.				
저는 그에게 방 청소하길 부탁했어요.				
저는 그에게 설거지하길 부탁했어요.				
저는 그녀에게 빨래하길 부탁했어요.				
그는 제가 방 청소하길 원해요.				
그녀는 그가 설거지하길 원해요.				

5형식을 활용한 명언

I ask you to judge me by the enemies I have made.

나는 당신이 내가 만들어 온 적들을 보고 나를 판단하기를 요청한다.

– Franklin D. Roosevelt

생수다 연습 2

사진을 보고, 문장을 완성하여 말해 보세요.

1

want / to call me. / you / I

2

I / you / want / to sing for me.

3

you / want / to cook for us. / I

4

I / him / asked / to clean the room.

5

wants / She / to wash the dishes. / him

1. I want you to call me. 2. I want you to sing for me. 3. I want you to cook for us. 4. I asked him to clean the room. 5. She wants him to wash the dishes.

목적격 보어가 동사원형인 5형식 문장
This picture makes me cry.

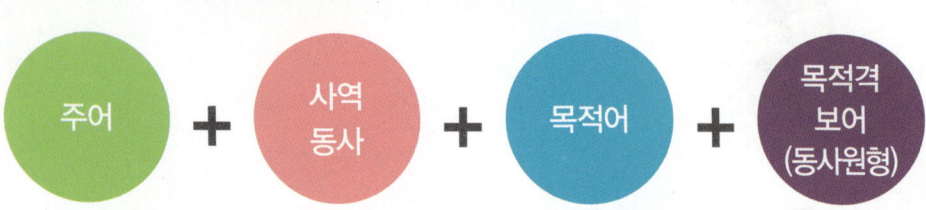

사역동사

▶ 문장의 주체가 자기 스스로 동작이나 행동을 하지 않고 다른 사람에게 그 동작이나 행동을 시키는 동사이다.

▶ 문장의 동사가 사역동사일 때 목적격 보어는 동사원형을 사용한다.

▶ 사역동사에는 have, make, let이 있으며 '시키다'의 의미이다.

5형식 문장 구조

주어	사역동사	목적어	목적격 보어 (동사원형)
~은/는/이/가	~ 시키다/~하게 하다	~이/가/에게	~하기를/하게/하도록
This picture 이 사진은	makes ~하게 만들다	me 내가	cry. 울도록
My friend 내 친구는	let ~하도록 했다	me 내가	stay at his place. 그의 집에 머물도록
I 나는	had ~하게 했다	him 그에게	read the story for me. 나를 위해 그 이야기를 읽도록

오늘의 표현 10

🎧 09

	주어	사역동사	목적어	목적격 보어 (동사원형)
1	This picture	makes	me	cry.
	이 사진은 저를 울게 만들어요.			
2	This song	makes	me	smile.
	이 노래는 저를 미소 짓게 만들어요.			
3	This movie	made	me	sleep.
	이 영화는 저를 잠들게 만들었어요.			
4	This story	made	me	laugh.
	이 이야기는 저를 웃게 만들었어요.			
5	This music	made	me	dance.
	이 음악은 저를 춤추게 만들었어요.			
6	My friend	let	me	stay at his place.
	제 친구는 저를 그의 집에 머물도록 했어요.			
7	My brother	let	me	use his laptop.
	제 형은 저에게 자신의 노트북을 사용하도록 했어요.			
8	My boss	let	me	leave early.
	제 상사는 저에게 일찍 가도록 했어요.			
9	I	had	him	read the story for me.
	저는 그에게 저를 위해 그 이야기를 읽게 했어요.			
10	I	had	her	choose the place.
	저는 그녀에게 장소를 고르게 했어요.			

📖 Target Words

cry 울다
laugh (크게) 웃다
stay 머무르다
laptop 노트북

smile 미소를 짓다
dance 춤추다
place 장소, 곳
leave 떠나다

sleep 자다
let ~하게 하다, 허락하다
use 사용하다, 쓰다
choose 고르다, 선택하다

Unit 09 47

생수다 연습

우리말에 해당하는 영어 표현을 소리 내어 말해 보세요.

	주어	사역동사	목적어	목적격 보어 (동사원형)
이 사진은 저를 울게 만들어요.				
이 노래는 저를 미소 짓게 만들어요.				
이 영화는 저를 잠들게 만들었어요.				
이 이야기는 저를 웃게 만들었어요.				
이 음악은 저를 춤추게 만들었어요.				
제 친구는 저를 그의 집에 머물도록 했어요.				
제 형은 저에게 자신의 노트북을 사용하도록 했어요.				
제 상사는 저에게 일찍 가도록 했어요.				
저는 그에게 저를 위해 그 이야기를 읽게 했어요.				
저는 그녀에게 장소를 고르게 했어요.				

5형식을 활용한 명언

Fame makes me feel wanted and loved.

명성은 내가 누군가에게 필요하고 사랑받는 느낌이 들게 한다.

– Michael Hutchence

생수다 연습 2

사진을 보고, 주어진 단어를 사용하여 우리말에 알맞은 영어 문장을 말해 보세요.

이 사진은 저를 울게 만들어요.

makes, cry

이 노래는 저를 미소 짓게 만들어요.

makes, smile

이 영화는 저를 잠들게 만들었어요.

made, sleep

제 형은 저에게 자신의 노트북을 사용하도록 했어요.

let, use

저는 그에게 저를 위해 그 이야기를 읽게 했어요.

had, read

1. This picture makes me cry. 2. This song makes me smile. 3. This movie made me sleep. 4. My brother let me use his laptop. 5. I had him read the story for me.

UNIT 10 Review

우리말을 영어로 소리 내어 말해 보고, 말할 때마다 ■에 √표 해 보세요.

	1회	2회	3회

1 저는 그를 히어로라고 불러요.
2 저는 그를 캡틴이라고 불러요.
3 저는 그녀를 천재라고 불러요.
4 저는 그녀를 자기라고 불러요.
5 저는 그녀를 천사라고 불러요.
6 저는 그를 천재라고 생각해요.
7 저는 그녀를 단짝 친구라고 생각해요.
8 저는 그녀를 천사라고 생각해요.
9 우리 선생님께서 저를 강력한 지도자로 만드셨어요.
10 우리 부모님께서 저를 훌륭한 시민으로 만드셨어요.
11 그는 저를 행복하게 했어요.
12 그는 저에게 의욕이 생기게 했어요.
13 이 프로그램이 저를 신나게 했어요.
14 이 이야기가 저를 슬프게 했어요.
15 그 소음이 저를 짜증 나게 했어요.
16 피자 냄새가 저를 배고프게 했어요.
17 여름 더위가 저를 목마르게 했어요.
18 그 영화의 결말이 저를 슬프게 했어요.
19 이 노래는 그녀를 향수에 젖게 해요.
20 이 사진은 그를 행복하게 해요.

	1회	2회	3회

21 저는 당신이 돌아오길 원해요.

22 저는 당신이 즐거운 시간을 보내길 원해요.

23 저는 당신이 저에게 전화해 주길 원해요.

24 저는 당신이 저를 위해 노래해 주길 원해요.

25 저는 당신이 우리를 위해 요리해 주길 원해요.

26 저는 그에게 방 청소하길 부탁했어요.

27 저는 그에게 설거지하길 부탁했어요.

28 저는 그녀에게 빨래하길 부탁했어요.

29 그는 제가 방 청소하길 원해요.

30 그녀는 그가 설거지하길 원해요.

31 이 사진은 저를 울게 만들어요.

32 이 노래는 저를 미소 짓게 만들어요.

33 이 영화는 저를 잠들게 만들었어요.

34 이 이야기는 저를 웃게 만들었어요.

35 이 음악은 저를 춤추게 만들었어요.

36 제 친구는 저를 그의 집에 머물도록 했어요.

37 제 형은 저에게 자신의 노트북을 사용하도록 했어요.

38 제 상사는 저에게 일찍 가도록 했어요.

39 저는 그에게 저를 위해 그 이야기를 읽게 했어요.

40 저는 그녀에게 장소를 고르게 했어요.

Review

앞에서 말한 영어 문장을 확인해 보세요.

1	저는 그를 히어로라고 불러요.	I call him *Hero*.
2	저는 그를 캡틴이라고 불러요.	I call him *Captain*.
3	저는 그녀를 천재라고 불러요.	I call her genius.
4	저는 그녀를 자기라고 불러요.	I call her honey.
5	저는 그녀를 천사라고 불러요.	I call her angel.
6	저는 그를 천재라고 생각해요.	I consider him a genius.
7	저는 그녀를 단짝 친구라고 생각해요.	I consider her my best friend.
8	저는 그녀를 천사라고 생각해요.	I consider her an angel.
9	우리 선생님께서 저를 강력한 지도자로 만드셨어요.	My teacher made me a strong leader.
10	우리 부모님께서 저를 훌륭한 시민으로 만드셨어요.	My parents made me a good citizen.
11	그는 저를 행복하게 했어요.	He made me happy.
12	그는 저에게 의욕이 생기게 했어요.	He made me motivated.
13	이 프로그램이 저를 신나게 했어요.	This program made me excited.
14	이 이야기가 저를 슬프게 했어요.	This story made me sad.
15	그 소음이 저를 짜증 나게 했어요.	The noise made me annoyed.
16	피자 냄새가 저를 배고프게 했어요.	The smell of pizza made me hungry.
17	여름 더위가 저를 목마르게 했어요.	The summer heat made me thirsty.
18	그 영화의 결말이 저를 슬프게 했어요.	The movie's ending made me sad.
19	이 노래는 그녀를 향수에 젖게 해요.	This song makes her nostalgic.
20	이 사진은 그를 행복하게 해요.	This picture makes him happy.

21	저는 당신이 돌아오길 원해요.	I want you to come back.
22	저는 당신이 즐거운 시간을 보내길 원해요.	I want you to have fun.
23	저는 당신이 저에게 전화해 주길 원해요.	I want you to call me.
24	저는 당신이 저를 위해 노래해 주길 원해요.	I want you to sing for me.
25	저는 당신이 우리를 위해 요리해 주길 원해요.	I want you to cook for us.
26	저는 그에게 방 청소하길 부탁했어요.	I asked him to clean the room.
27	저는 그에게 설거지하길 부탁했어요.	I asked him to wash the dishes.
28	저는 그녀에게 빨래하길 부탁했어요.	I asked her to do the laundry.
29	그는 제가 방 청소하길 원해요.	He wants me to clean the room.
30	그녀는 그가 설거지하길 원해요.	She wants him to wash the dishes.
31	이 사진은 저를 울게 만들어요.	This picture makes me cry.
32	이 노래는 저를 미소 짓게 만들어요.	This song makes me smile.
33	이 영화는 저를 잠들게 만들었어요.	This movie made me sleep.
34	이 이야기는 저를 웃게 만들었어요.	This story made me laugh.
35	이 음악은 저를 춤추게 만들었어요.	This music made me dance.
36	제 친구는 저를 그의 집에 머물도록 했어요.	My friend let me stay at his place.
37	제 형은 저에게 자신의 노트북을 사용하도록 했어요.	My brother let me use his laptop.
38	제 상사는 저에게 일찍 가도록 했어요.	My boss let me leave early.
39	저는 그에게 저를 위해 그 이야기를 읽게 했어요.	I had him read the story for me.
40	저는 그녀에게 장소를 고르게 했어요.	I had her choose the place.

"그리운 내 아버지"

This picture makes me cry.

He made me happy.

I want him to come back.

I call him *Hero*.

QR코드로
대표 문장이 담긴 노래를
들으실 수 있습니다.

WEEK 03 — 2형식 문장

2형식 문장은 주어, 동사, 주격 보어로 이루어진 문장이다.

Unit 11   주격 보어가 명사인 2형식 문장

Unit 12   주격 보어가 형용사인 2형식 문장

Unit 13   주격 보어가 to부정사나 동명사인 2형식 문장

Unit 14   주격 보어가 that절인 2형식 문장

Unit 15   Review

주격 보어가 명사인 2형식 문장
She is my boss.

2형식 문장

▶ '~은 …이다/되다'의 의미로 주어와 동사 외에 보어를 필요로 하는 문장이다.
▶ 주격 보어는 주어를 보충 설명하는 말로 주어의 신분, 성질, 상태 등을 나타낸다.

2형식 문장 구조

주어	동사	주격 보어 (명사)
~은/는/이/가	~이다	~
She 그녀는	is 이다	my boss. 내 상사
I 나는	am 이다	his coach. 그의 코치
My favorite music 내가 아주 좋아하는 음악은	is 이다	jazz. 재즈

오늘의 표현 10

	주어	동사	주격 보어 (명사)
1	She	is	my boss.
	그녀는 제 상사예요.		
2	She	is	my friend.
	그녀는 제 친구예요.		
3	She	is	my colleague.
	그녀는 제 동료예요.		
4	She	is	my teacher.
	그녀는 제 선생님이에요.		
5	She	is	my sister.
	그녀는 제 동생이에요.		
6	I	am	her butler.
	저는 그녀의 집사예요.		
7	I	am	his secretary.
	저는 그의 비서예요.		
8	I	am	his coach.
	저는 그의 코치예요.		
9	My favorite music	is	jazz.
	제가 아주 좋아하는 음악은 재즈예요.		
10	My favorite food	is	pasta.
	제가 아주 좋아하는 음식은 파스타예요.		

Target Words

- **boss** 상사, 상관
- **teacher** 선생님, 교사
- **coach** 코치
- **jazz** 재즈
- **friend** 친구
- **butler** 집사
- **favorite** 아주 좋아하는
- **food** 음식
- **colleague** 동료
- **secretary** 비서
- **music** 음악
- **pasta** 파스타

생수다 연습

우리말에 해당하는 영어 표현을 소리 내어 말해 보세요.

	주어	동사	주격 보어 (명사)
그녀는 제 상사예요.			
그녀는 제 친구예요.			
그녀는 제 동료예요.			
그녀는 제 선생님이에요.			
그녀는 제 동생이에요.			
저는 그녀의 집사예요.			
저는 그의 비서예요.			
저는 그의 코치예요.			
제가 아주 좋아하는 음악은 재즈예요.			
제가 아주 좋아하는 음식은 파스타예요.			

2형식을 활용한 명언

Happiness is good health and a bad memory.

행복은 좋은 건강과 나쁜 기억력이다.

― Ingrid Bergman

생수다 연습 2

사진을 보고, 문장을 완성하여 말해 보세요.

is / She / my boss.

_____

She / my colleague. / is

_____

my sister. / is / She

_____

am / I / his coach.

_____

jazz. / is / My favorite music

_____

1. She is my boss. 2. She is my colleague. 3. She is my sister. 4. I am his coach. 5. My favorite music is jazz.

UNIT 12 주격 보어가 형용사인 2형식 문장
She is cool.

주어 + 동사 + 주격 보어 (형용사)

주격 보어: 형용사

▶ 주어의 성격, 감정, 외모 등을 묘사할 때 주격 보어로 형용사를 사용한다.

▶ 2형식을 활용하는 대표 동사: **be** ~이다, ~이/가 있다 **look** ~하게 보이다 **smell** (~한) 냄새가 나다. **sound** ~하게 들리다 **taste** ~ (맛이) 나다 **feel** (촉감이) ~하다

▶ 2형식의 보어 자리에 부사를 사용하지 않도록 유의한다.

2형식 문장 구조

주어	동사	주격 보어 (형용사)
~은/는/이/가	~이다/~하다	~한
She 그녀는	is 이다	cool. 쿨한, 무심한
You 너는	look ~하게 보이다	fabulous. 근사한
This perfume 이 향수는	smells ~한 냄새가 나다	refreshing. 상쾌한

오늘의 표현 10

	주어	동사	주격 보어 (형용사)
1	She	is	cool.
	그녀는 쿨해요.		
2	She	is	hardworking.
	그녀는 열심히 일해요.		
3	She	is	narrow-minded.
	그녀는 속이 좁아요.		
4	She	is	considerate.
	그녀는 사려가 깊어요.		
5	She	is	self-confident.
	그녀는 자신만만해요.		
6	You	look	fabulous.
	당신은 근사해 보여요.		
7	You	look	excited.
	당신은 신나 보여요.		
8	You	look	nervous.
	당신은 초조해 보여요.		
9	This perfume	smells	refreshing.
	이 향수는 상쾌한 냄새가 나요.		
10	This pizza	smells	awesome.
	이 피자는 아주 좋은 냄새가 나요.		

Target Words

cool 쿨한, 멋진, 무심한
considerate 배려하는, 사려 깊은
fabulous 근사한, 기막히게 좋은
smell ~한 냄새가 나다
hardworking 열심히 일하는
self-confident 자신만만한, 자신감이 넘치는
nervous 초조한, 긴장한
refreshing 상쾌한
narrow-minded 속이 좁은, 편협한
look ~하게 보이다
perfume 향수
awesome 좋은, 굉장한

Unit 12

생수다 연습

우리말에 해당하는 영어 표현을 소리 내어 말해 보세요.

	주어	동사	주격 보어 (형용사)
그녀는 쿨해요.			
그녀는 열심히 일해요.			
그녀는 속이 좁아요.			
그녀는 사려가 깊어요.			
그녀는 자신만만해요.			
당신은 근사해 보여요.			
당신은 신나 보여요.			
당신은 초조해 보여요.			
이 향수는 상쾌한 냄새가 나요.			
이 피자는 아주 좋은 냄새가 나요.			

2형식을 활용한 명언

Fame is addictive. Money is addictive. Attention is addictive. But golf is second to none.

명성은 중독성이 있다. 돈은 중독성이 있다. 관심 받는 것도 중독성이 있다. 하지만 골프가 가장 중독성이 있다.

— Marc Anthony

생수다 연습 2

사진을 보고, 주어진 단어를 사용하여 우리말에 알맞은 영어 문장을 말해 보세요.

1

그녀는 쿨해요.

cool

2

그녀는 사려가 깊어요.

considerate

3

그녀는 자신만만해요.

self-confident

4

당신은 초조해 보여요.

nervous

5

이 향수는 상쾌한 냄새가 나요.

refreshing

1. She is cool. 2. She is considerate. 3. She is self-confident. 4. You look nervous. 5. This perfume smells refreshing.

UNIT 13 주격 보어가 to부정사나 동명사인 2형식 문장
My goal is to make her happy.

주격 보어: to부정사/동명사

▶ to부정사의 형태는 「to + 동사원형」이고, 동명사의 형태는 「동사+-ing」이다.
▶ to부정사와 동명사 모두 '~하는 것, ~하기'의 의미로 문장에서 주격 보어로 사용할 수 있다.

2형식 문장 구조

주어	동사	주격 보어 (to부정사/동명사)
~은/는/이/가	~이다	~하는 것/~하기
My goal 나의 목표는	is 이다	to make her happy. 그녀를 행복하게 만드는 것
Her dream 그녀의 꿈은	is 이다	to become an actress. 여배우가 되는 것
His goal 그의 목표는	is 이다	starting his own business. 자신의 사업을 시작하는 것

오늘의 표현 10

 13

	주어	동사	주격 보어 (to부정사/동명사)
1	My goal	is	to make her happy.
	제 목표는 그녀를 행복하게 만드는 것이에요.		
2	My goal	is	to go to the Olympics.
	제 목표는 올림픽에 나가는 것이에요.		
3	My goal	is	to pass the driving test.
	제 목표는 운전면허 시험을 통과하는 것이에요.		
4	My goal	is	to start my own business.
	제 목표는 제 사업을 시작하는 것이에요.		
5	My goal	is	to stay healthy.
	제 목표는 건강을 유지하는 것이에요.		
6	Her dream	is	to become an actress.
	그녀의 꿈은 배우가 되는 것이에요.		
7	Her dream	is	to build a home studio.
	그녀의 꿈은 홈 스튜디오를 만드는 것이에요.		
8	His goal	is	passing the bar exam.
	그의 목표는 사법 고시에 합격하는 것이에요.		
9	His goal	is	starting his own business.
	그의 목표는 자신의 사업을 시작하는 것이에요.		
10	His goal	is	staying healthy.
	그의 목표는 건강을 유지하는 것이에요.		

Target Words

goal 목표, 골, 득점
driving test 운전면허 시험
healthy 건강한
build 건설하다, 짓다

Olympics 올림픽 경기
start 시작하다
become ~이 되다
studio 스튜디오

pass 통과하다, 합격하다
own 자신의
actress 여배우
bar exam 사법 고시

Unit 13

생수다 연습

우리말에 해당하는 영어 표현을 소리 내어 말해 보세요.

	주어	동사	주격 보어 (to부정사/동명사)
제 목표는 그녀를 행복하게 만드는 것이에요.			
제 목표는 올림픽에 나가는 것이에요.			
제 목표는 운전면허 시험을 통과하는 것이에요.			
제 목표는 제 사업을 시작하는 것이에요.			
제 목표는 건강을 유지하는 것이에요.			
그녀의 꿈은 배우가 되는 것이에요.			
그녀의 꿈은 홈 스튜디오를 만드는 것이에요.			
그의 목표는 사법 고시에 합격하는 것이에요.			
그의 목표는 자신의 사업을 시작하는 것이에요.			
그의 목표는 건강을 유지하는 것이에요.			

2형식을 활용한 명언

The hardest part about being friends
is loving you so much.

친구가 되는데 가장 어려운 부분은 자신을 너무 많이 사랑하는 것이다.

— Anonymous

생수다 연습 2

사진을 보고, 문장을 완성하여 말해 보세요.

is / to make her happy. / My goal

My goal / to go to the Olympics. / is

is / to pass the driving test. / My goal

is / Her dream / to become an actress.

His goal / staying healthy. / is

1. My goal is to make her happy. 2. My goal is to go to the Olympics. 3. My goal is to pass the driving test. 4. Her dream is to become an actress. 5. His goal is staying healthy.

Unit 13

UNIT 14 주격 보어가 that절인 2형식 문장
The truth is that she is not a person.

주격 보어: that절

▶ that절은 '~라는 것, ~하다는 것'의 의미로 2형식 문장에서 주격 보어 역할을 한다.
▶ 「주어 + 동사」의 형태로 문장의 일부를 이루는 것을 절이라고 한다.

2형식 문장 구조

주어	동사	주격 보어 (that절)
~은/는/이/가	~이다	~라는 것/~하다는 것
The truth 사실은	is 이다	that everybody has a story. 모두가 할 말이 있다는 것
The most important thing 가장 중요한 것은	is 이다	that I believe in myself. 나 자신을 믿는 것
The problem 문제는	is 이다	that you have to do it over again. 네가 그것을 다시 해야 한다는 것

오늘의 표현 10

	주어	동사	주격 보어 (that절)
1	The truth	is	that everyone has a story.
	사실은 모두가 할 말이 있다는 것이에요.		
2	The truth	is	that it's not my company.
	사실은 그것이 제 회사가 아니라는 것이에요.		
3	The truth	is	that I am the director.
	사실은 제가 책임자라는 것이에요.		
4	The truth	is	that I am the inventor.
	사실은 제가 발명가라는 것이에요.		
5	The truth	is	that she is not a person.
	사실은 그녀가 사람이 아니라는 것이에요.		
6	The most important thing	is	that I believe in myself.
	가장 중요한 것은 제 자신을 믿는 것이에요.		
7	The most important thing	is	that you need to be honest.
	가장 중요한 것은 당신이 정직할 필요가 있다는 것이에요.		
8	The most important thing	is	that you come on time.
	가장 중요한 것은 당신이 제시간에 오는 것이에요.		
9	The problem	is	that you have to do it over again.
	문제는 당신이 그것을 다시 해야 한다는 것이에요.		
10	The problem	is	that we have to restructure the organization.
	문제는 우리가 조직을 구조 조정해야 한다는 것이에요.		

Target Words

truth 사실, 진리
director 임원, 감독, 책임자
important 중요한
on time 제시간에
everyone 모든 사람
inventor 발명가, 창안자
believe in ~을 믿다
restructure 구조 조정하다, 재구성하다
company 회사
person 사람
honest 정직한, 솔직한
organization 조직, 기구

생수다 연습

우리말에 해당하는 영어 표현을 소리 내어 말해 보세요.

	주어	동사	주격 보어 (that절)
사실은 모두가 할 말이 있다는 것이에요.			
사실은 그것이 제 회사가 아니라는 것이에요.			
사실은 제가 책임자라는 것이에요.			
사실은 제가 발명가라는 것이에요.			
사실은 그녀가 사람이 아니라는 것이에요.			
가장 중요한 것은 제 자신을 믿는 것이에요.			
가장 중요한 것은 당신이 정직할 필요가 있다는 것이에요.			
가장 중요한 것은 당신이 제시간에 오는 것이에요.			
문제는 당신이 그것을 다시 해야 한다는 것이에요.			
문제는 우리가 조직을 구조 조정해야 한다는 것이에요.			

2형식을 활용한 명언

The sad truth is that opportunity doesn't knock twice.

슬픈 사실은 기회가 두 번 다시 찾아오지 않는다는 것이다.

– Gloria Estefan

생수다 연습 2

사진을 보고, 주어진 단어와 어구를 사용하여 우리말에 알맞은 영어 문장을 말해 보세요.

1

사실은 모두가 할 말이 있다는 것이에요.

that, story

2

사실은 제가 발명가라는 것이에요.

that, inventor

3

사실은 그녀가 사람이 아니라는 것이에요.

that, person

4

가장 중요한 것은 당신이 제시간에 오는 것이에요.

that, on time

5

문제는 당신이 그것을 다시 해야 한다는 것이에요.

that, over again

1. The truth is that everyone has a story. 2. The truth is that I am the inventor. 3. The truth is that she is not a person. 4. The most important thing is that you have to come on time. 5. The problem is that you have to do it over again.

UNIT 15 Review

우리말을 영어로 소리 내어 말해 보고, 말할 때마다 ☐에 √표 해 보세요.

	1회	2회	3회

1 그녀는 제 상사예요.
2 그녀는 제 친구예요.
3 그녀는 제 동료예요.
4 그녀는 제 선생님이에요.
5 그녀는 제 동생이에요.
6 저는 그녀의 집사예요.
7 저는 그의 비서예요.
8 저는 그의 코치예요.
9 제가 아주 좋아하는 음악은 재즈예요.
10 제가 아주 좋아하는 음식은 파스타예요.
11 그녀는 쿨해요.
12 그녀는 열심히 일해요.
13 그녀는 속이 좁아요.
14 그녀는 사려가 깊어요.
15 그녀는 자신만만해요.
16 당신은 근사해 보여요.
17 당신은 신나 보여요.
18 당신은 초조해 보여요.
19 이 향수는 상쾌한 냄새가 나요.
20 이 피자는 아주 좋은 냄새가 나요.

21~27번은 to부정사를 이용하세요.

21 제 목표는 그녀를 행복하게 만드는 것이에요.

22 제 목표는 올림픽에 나가는 것이에요.

23 제 목표는 운전면허 시험을 통과하는 것이에요.

24 제 목표는 제 사업을 시작하는 것이에요.

25 제 목표는 건강을 유지하는 것이에요.

26 그녀의 꿈은 배우가 되는 것이에요.

27 그녀의 꿈은 홈 스튜디오를 만드는 것이에요.

28~30번은 동명사를 이용하세요.

28 그의 목표는 사법 고시에 합격하는 것이에요.

29 그의 목표는 자신의 사업을 시작하는 것이에요.

30 그의 목표는 건강을 유지하는 것이에요.

31~40번은 that절을 이용하세요.

31 사실은 모두가 할 말이 있다는 것이에요.

32 사실은 그것이 제 회사가 아니라는 것이에요.

33 사실은 제가 책임자라는 것이에요.

34 사실은 제가 발명가라는 것이에요.

35 사실은 그녀가 사람이 아니라는 것이에요.

36 가장 중요한 것은 제 자신을 믿는 것이에요.

37 가장 중요한 것은 당신이 정직할 필요가 있다는 것이에요.

38 가장 중요한 것은 당신이 제시간에 오는 것이에요.

39 문제는 당신이 그것을 다시 해야 한다는 것이에요.

40 문제는 우리가 조직을 구조 조정해야 한다는 것이에요.

UNIT 15 Review

앞에서 말한 영어 문장을 확인해 보세요.

1	그녀는 제 상사예요.	She is my boss.
2	그녀는 제 친구예요.	She is my friend.
3	그녀는 제 동료예요.	She is my colleague.
4	그녀는 제 선생님이에요.	She is my teacher.
5	그녀는 제 동생이에요.	She is my sister.
6	저는 그녀의 집사예요.	I am her butler.
7	저는 그의 비서예요.	I am his secretary.
8	저는 그의 코치예요.	I am his coach.
9	제가 아주 좋아하는 음악은 재즈예요.	My favorite music is jazz.
10	제가 아주 좋아하는 음식은 파스타예요.	My favorite food is pasta.
11	그녀는 쿨해요.	She is cool.
12	그녀는 열심히 일해요.	She is hardworking.
13	그녀는 속이 좁아요.	She is narrow-minded.
14	그녀는 사려가 깊어요.	She is considerate.
15	그녀는 자신만만해요.	She is self-confident.
16	당신은 근사해 보여요.	You look fabulous.
17	당신은 신나 보여요.	You look excited.
18	당신은 초조해 보여요.	You look nervous.
19	이 향수는 상쾌한 냄새가 나요.	This perfume smells refreshing.
20	이 피자는 아주 좋은 냄새가 나요.	This pizza smells awesome.

> 21~27번은 to부정사를 이용하세요.

21 제 목표는 그녀를 행복하게 만드는 것이에요. — My goal is to make her happy.

22 제 목표는 올림픽에 나가는 것이에요. — My goal is to go to the Olympics.

23 제 목표는 운전면허 시험을 통과하는 것이에요. — My goal is to pass the driving test.

24 제 목표는 제 사업을 시작하는 것이에요. — My goal is to start my own business.

25 제 목표는 건강을 유지하는 것이에요. — My goal is to stay healthy.

26 그녀의 꿈은 배우가 되는 것이에요. — Her dream is to become an actress.

27 그녀의 꿈은 홈 스튜디오를 만드는 것이에요. — Her dream is to build a home studio.

> 28~30번은 동명사를 이용하세요.

28 그의 목표는 사법 고시에 합격하는 것이에요. — His goal is passing the bar exam.

29 그의 목표는 자신의 사업을 시작하는 것이에요. — His goal is starting his own business.

30 그의 목표는 건강을 유지하는 것이에요. — His goal is staying healthy.

> 31~40번은 that절을 이용하세요.

31 사실은 모두가 할 말이 있다는 것이에요. — The truth is that everyone has a story.

32 사실은 그것이 제 회사가 아니라는 것이에요. — The truth is that it's not my company.

33 사실은 제가 책임자라는 것이에요. — The truth is that I am the director.

34 사실은 제가 발명가라는 것이에요. — The truth is that I am the inventor.

35 사실은 그녀가 사람이 아니라는 것이에요. — The truth is that she is not a person.

36 가장 중요한 것은 제 자신을 믿는 것이에요. — The most important thing is that I believe in myself.

37 가장 중요한 것은 당신이 정직할 필요가 있다는 것이에요. — The most important thing is that you need to be honest.

38 가장 중요한 것은 당신이 제시간에 오는 것이에요. — The most important thing is that you come on time.

39 문제는 당신이 그것을 다시 해야 한다는 것이에요. — The problem is that you have to do it over again.

40 문제는 우리가 조직을 구조 조정해야 한다는 것이에요. — The problem is that we have to restructure the organization.

"내겐 너무 시크한 그녀"

She is my boss.

She is cool.

My goal is to make her happy.

The truth is that she is not a person.

QR코드로 대표 문장이 담긴 노래를 들으실 수 있습니다.

WEEK 04

1형식과 4형식 문장

1형식 문장은 주어, 동사로 이루어진 문장이고, 4형식 문장은 주어, 동사, 간접 목적어, 직접 목적어로 이루어진 문장이다.

Unit 16 부사(구)가 더해진 1형식 문장

Unit 17 There is/are 구문

Unit 18 수여동사가 사용된 4형식 문장

Unit 19 4형식 문장을 3형식 문장으로 전환하기

Unit 20 Review

UNIT 16 부사(구)가 더해진 1형식 문장
I worked all day long.

1형식 문장

▶ 1형식 문장은 주어와 동사만으로 문장이 성립한다.

▶ 1형식 문장은 동사 다음에 부사(구)를 더할 수 있다.

▶ 부사(구)는 장소, 방법, 시간 등을 나타내는 말로, 문장의 형식에 영향을 주지 않는다.

📄 **1형식 문장 구조**

주어	동사	부사(구)
~은/는/이/가	~하다	-
I 나는	can swim. 수영할 수 있다	-
He 그는	runs 달리다	fast. 빨리
I 나는	live 살다	in Seoul. 서울에서

오늘의 표현 10

	주어	동사	부사(구)
1	I	can swim.	-
	저는 수영할 수 있어요.		
2	Time	flies.	-
	시간이 쏜살 같네요.		
3	My whole body	ached.	-
	제 온몸이 쑤셨어요.		
4	I	drove	slowly.
	저는 천천히 운전했어요.		
5	He	runs	fast.
	그는 빨리 달려요.		
6	I	live	in Seoul.
	저는 서울에서 살아요.		
7	I	worked	all weekend long again.
	저는 주말 내내 또 일했어요.		
8	The first train	starts	at six.
	첫 기차는 6시에 출발해요.		
9	The sun	rises	in the east.
	해는 동쪽에서 떠요.		
10	Flowers	bloom	in the spring.
	꽃은 봄에 피어요.		

Target Words

swim 수영하다
drive 운전하다 (과거형 drove)
all weekend long 주말 내내
in the east 동쪽에서

whole 전체의, 모든
slowly 천천히, 느리게
start 출발하다, 시작하다
bloom 꽃이 피다

ache 아프다, 쑤시다
fast 빨리, 빠르게
rise 솟아오르다, 뜨다
spring 봄

Unit 16

생수다 연습

우리말에 해당하는 영어 표현을 소리 내어 말해 보세요.

	주어	동사	부사(구)
저는 수영할 수 있어요.			
시간이 쏜살 같네요.			
제 온몸이 쑤셨어요.			
저는 천천히 운전했어요.			
그는 빨리 달려요.			
저는 서울에서 살아요.			
저는 주말 내내 또 일했어요.			
첫 기차는 6시에 출발해요.			
해는 동쪽에서 떠요.			
꽃은 봄에 피어요.			

1형식을 활용한 명언

Sadness flies away on the wings of time.
슬픔은 시간의 날개를 타고 멀리 날아간다.

― Jean de La Fontaine

생수다 연습 2

사진을 보고, 문장을 완성하여 말해 보세요.

1

flies. / Time

_____

2

ached. / My whole body

_____

3

fast. / runs / He

_____

4

rises / The sun / in the east.

_____

5

in the spring. / bloom / Flowers

_____

1. Time flies. 2. My whole body ached. 3. He runs fast. 4. The sun rises in the east. 5. Flowers bloom in the spring.

UNIT 17 There is/are 구문
There are lots of things to do.

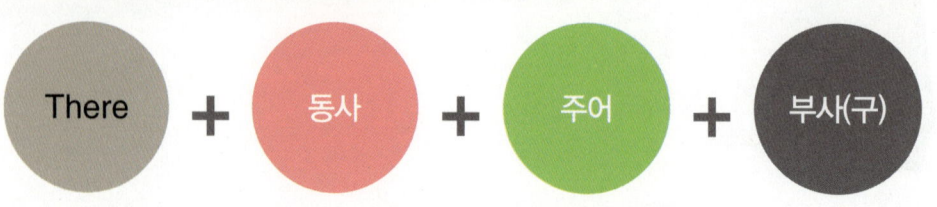

There is/are 구문

▶ There is/are 구문은 '(어디에) ~(들)이 있다'의 의미로 어떤 것이 존재함을 나타낼 때 사용한다.

▶ there는 '거기에'라는 장소의 의미 없이 문장을 이끌어 주는 부사여서 유도부사라고 한다.

▶ There is/are 구문의 동사는 뒤에 오는 주어에 따라 is와 are를 구분하여 쓴다.
「There is + 단수 주어 ~.」 / 「There are + 복수 주어 ~.」

There is/are 구문

There	동사	주어	부사(구)
–	~(들)이/가 있다	~은/는/이/가	–
There	are 있다	lots of things to do. 할 일이 많이	–
There	is 있다	a watch 시계가	in my pocket. 내 주머니에

오늘의 표현 10

 17

	There	동사	주어	부사(구)
1	There	are	lots of things to do.	-
	할 일이 많이 있어요.			
2	There	are	signs all over.	-
	곳곳에 표지판들이 있어요.			
3	There	are	presents	under the Christmas tree.
	크리스마스트리 아래에 선물이 있어요.			
4	There	are	some typos	in this essay.
	이 글에 오타가 좀 있어요.			
5	There	are	reporters	outside.
	밖에 기자들이 있어요.			
6	There	is	a watch	in my pocket.
	제 주머니 안에 시계가 있어요.			
7	There	is	a dog	under the table.
	탁자 아래에 개가 있어요.			
8	There	is	a piano	in the corner.
	구석에 피아노가 있어요.			
9	There	seems to be	good news.	-
	좋은 소식이 있는 것 같아요.			
10	There	seems to be	a guest	outside.
	밖에 손님이 온 것 같아요.			

Target Words

lots of 많은
all over 곳곳에
reporter 기자
in the corner 구석에

things to do 할 일
typo 오자, 오타
outside 밖에
seem ~처럼 보이다, ~인 듯하다

sign 표지판, 간판
essay 글, 에세이
pocket 주머니
guest 손님

Unit 17

생수다 연습

우리말에 해당하는 영어 표현을 소리 내어 말해 보세요.

	There	동사 (is/are/seem(s))	주어	부사(구)
할 일이 많이 있어요.				
곳곳에 표지판들이 있어요.				
크리스마스트리 아래에 선물이 있어요.				
이 글에 오타가 좀 있어요.				
밖에 기자들이 있어요.				
제 주머니 안에 시계가 있어요.				
탁자 아래에 개가 있어요.				
구석에 피아노가 있어요.				
좋은 소식이 있는 것 같아요.				
밖에 손님이 온 것 같아요.				

There is/are를 활용한 명언

There is no end. There is no beginning.
There is only the infinite passion of life.

끝도 없고, 시작도 없다. 오직 무한한 삶의 열정만 있다.

– Federico Fellini

생수다 연습 2

사진을 보고, 주어진 단어와 어구를 사용하여 우리말에 알맞은 영어 문장을 말해 보세요.

할 일이 많이 있어요.

lots of things to do

크리스마스트리 아래에 선물이 있어요.

presents

이 글에 오타가 좀 있어요.

some typos, in this essay

탁자 아래에 개가 있어요.

under the table

밖에 손님이 온 것 같아요.

seems to be, a guest

---

1. There are lots of things to do. 2. There are presents under the Christmas tree. 3. There are some typos in this essay. 4. There is a dog under the table. 5. There seems to be a guest outside.

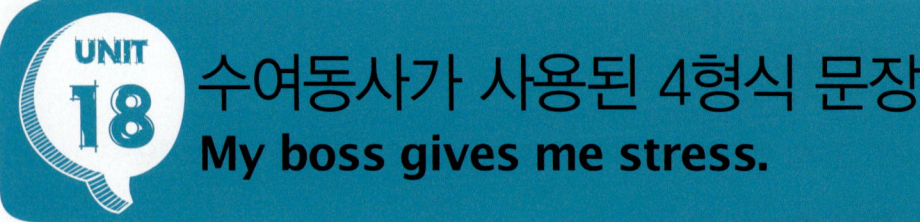

UNIT 18 수여동사가 사용된 4형식 문장
My boss gives me stress.

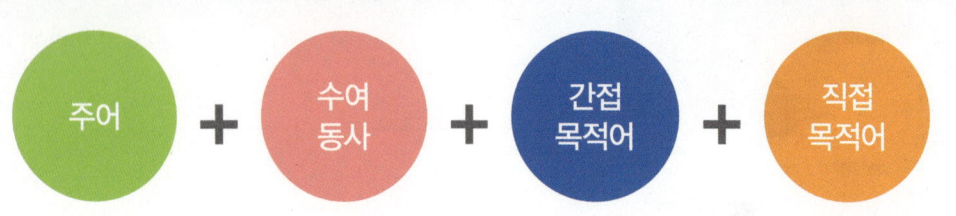

4형식 문장

▶ 4형식 문장은 '…에게 −을/를 ～(해) 주다'의 의미를 갖는다.
▶ 수여동사는 '～(해) 주다'의 의미로 두 개의 목적어가 필요한 동사이다.
▶ 간접 목적어에는 보통 사람이 오며, '…에게'로 해석한다.
▶ 직접 목적어에는 보통 사물이 오며, '−을/를'로 해석한다.

4형식 문장 구조

주어	수여동사	간접 목적어	직접 목적어
~은/는/이/가	～(해) 주다	…에게	−을/를
My boss 나의 상사는	gives 주다	me 나에게	stress. 스트레스를
She 그녀는	made 만들어 주었다	me 나에게	a cake. 케이크를

오늘의 표현 10

	주어	수여동사	간접 목적어	직접 목적어
1	My boss	gives	me	stress.
	제 상사는 저에게 스트레스를 줘요.			
2	She	sent	me	an e-mail.
	그녀는 저에게 이메일을 보냈어요.			
3	He	gave	me	a present.
	그는 저에게 선물을 주었어요.			
4	I	'd like to buy	you	lunch.
	제가 당신에게 점심을 사고 싶어요.			
5	She	made	me	a cake.
	그녀는 저에게 케이크를 만들어 주었어요.			
6	She	taught	me	how to use the copier.
	그녀는 저에게 복사기 사용법을 가르쳐 주었어요.			
7	He	taught	me	how to drive.
	그는 저에게 운전하는 법을 가르쳐 주었어요.			
8	She	taught	me	how to play the guitar.
	그녀는 저에게 기타 치는 법을 가르쳐 주었어요.			
9	He	showed	me	his trip pictures.
	그는 저에게 자신의 여행 사진을 보여 주었어요.			
10	She	showed	me	her new apartment.
	그녀는 저에게 자신의 새 아파트를 보여 주었어요.			

Target Words

boss 상사, 상관
send 보내다 (과거형 sent)
make 만들다 (과거형 made)
copier 복사기

give 주다 (과거형 gave)
e-mail 이메일
teach 가르치다 (과거형 taught)
how to drive 운전하는 법

stress 스트레스, 압박
present 선물
how to use 사용법
trip 여행

생수다 연습

우리말에 해당하는 영어 표현을 소리 내어 말해 보세요.

	주어	수여동사	간접 목적어	직접 목적어
제 상사는 저에게 스트레스를 줘요.				
그녀는 저에게 이메일을 보냈어요.				
그는 저에게 선물을 주었어요.				
제가 당신에게 점심을 사고 싶어요.				
그녀는 저에게 케이크를 만들어 주었어요.				
그녀는 저에게 복사기 사용법을 가르쳐 주었어요.				
그는 저에게 운전하는 법을 가르쳐 주었어요.				
그녀는 저에게 기타 치는 법을 가르쳐 주었어요.				
그는 저에게 자신의 여행 사진을 보여 주었어요.				
그녀는 저에게 자신의 새 아파트를 보여 주었어요.				

4형식을 활용한 명언

Competition gives me energy. It keeps me focused.

경쟁은 나에게 힘을 준다. 그것은 나를 집중하게 한다.

- Conor McGregor

생수다 연습 2

사진을 보고, 문장을 완성하여 말해 보세요.

gives / stress. / me / My boss

_____

She / an e-mail. / sent / me

_____

a present. / gave / me / He

_____

She / taught / how to play the guitar. / me

_____

his trip pictures. / me / showed / He

_____

1. My boss gives me stress. 2. She sent me an e-mail. 3. He gave me a present. 4. She taught me how to play the guitar. 5. He showed me his trip pictures.

4형식 문장을 3형식 문장으로 전환하기
She gave a present to me.

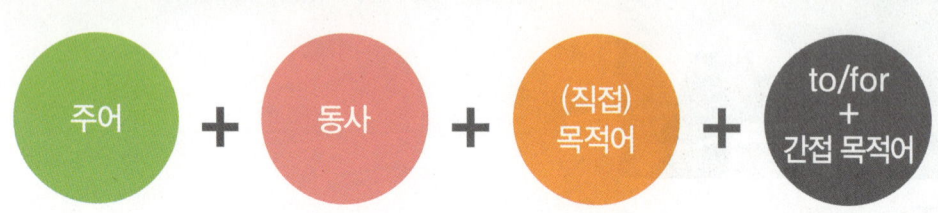

4형식 문장을 3형식 문장으로 전환

▶ 4형식: 「주어 + 동사 + 간접 목적어 + 직접 목적어」

▶ 3형식: 「주어 + 동사 + (직접) 목적어 + {to/for + 간접 목적어}」

▶ 전치사 **to**를 사용하는 동사: **give** 주다 **send** 보내다 **teach** 가르치다 **show** 보여 주다

▶ 전치사 **for**를 사용하는 동사: **make** 만들다 **buy** 사다 **cook** 요리하다

● 4형식 → 3형식 문장 전환

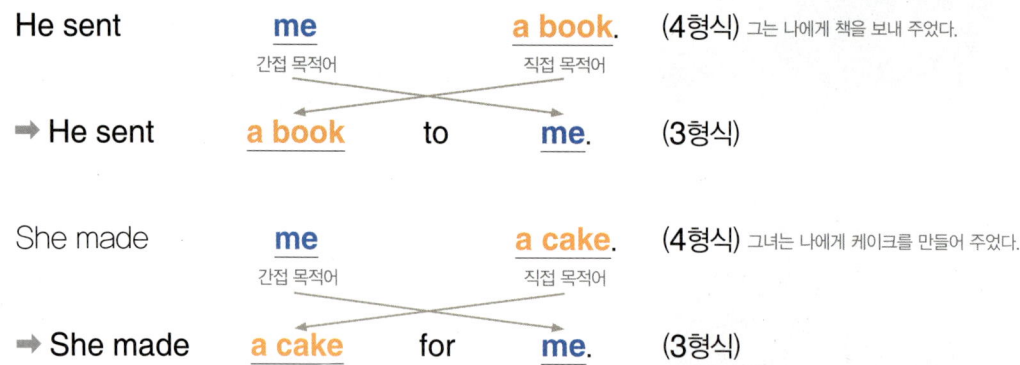

오늘의 표현 10

	주어	동사	직접 목적어	to/for + 간접 목적어
1	She	gave	a present	to me.
	그녀는 선물을 저에게 주었어요.			
2	He	gave	some advice	to me.
	그는 약간의 충고를 저에게 해 주었어요.			
3	She	gave	a movie ticket	to me.
	그녀는 영화표를 저에게 주었어요.			
4	She	sent	a book	to me.
	그녀는 책을 저에게 보내 주었어요.			
5	He	sent	a package	to me.
	그는 소포를 저에게 보내 주었어요.			
6	He	bought	it	for me.
	그는 그것을 저를 위해 사 주었어요.			
7	She	bought	a ticket	for me.
	그녀는 표를 저를 위해 사 주었어요.			
8	He	bought	a scarf	for me.
	그는 스카프를 저를 위해 사 주었어요.			
9	She	made	a cake	for me.
	그녀는 케이크를 저를 위해 만들어 주었어요.			
10	He	made	a card	for me.
	그는 카드를 저를 위해 만들어 주었어요.			

Target Words

give 주다 (과거형 gave)
movie 영화
package 소포, 꾸러미
make 만들다 (과거형 made)

present 선물
ticket 표, 입장권, 티켓
buy 사다 (과거형 bought)
cake 케이크

advice 충고
send 보내다 (과거형 sent)
scarf 스카프, 목도리
card 카드

Unit 19

생수다 연습

우리말에 해당하는 영어 표현을 소리 내어 말해 보세요.

	주어	동사	직접 목적어	to/for + 간접 목적어
그녀는 선물을 저에게 주었어요.				
그는 약간의 충고를 저에게 해 주었어요.				
그녀는 영화표를 저에게 주었어요.				
그녀는 책을 저에게 보내 주었어요.				
그는 소포를 저에게 보내 주었어요.				
그는 그것을 저를 위해 사 주었어요.				
그녀는 표를 저를 위해 사 주었어요.				
그는 스카프를 저를 위해 사 주었어요.				
그녀는 케이크를 저를 위해 만들어 주었어요.				
그는 카드를 저를 위해 만들어 주었어요.				

3형식을 활용한 명언

Self-belief? My parents gave it to me.

자신에 대한 믿음? 우리 부모님께서 그것을 나에게 주셨다.

— Tippi Hedren

생수다 연습 2

사진을 보고, 주어진 어구를 사용하여 우리말에 알맞은 영어 문장을 말해 보세요.

그녀는 선물을 저에게 주었어요.

a present, to me

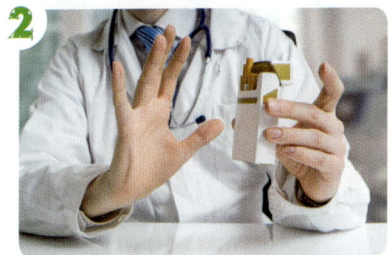

그는 약간의 충고를 저에게 해 주었어요.

some advice, to me

그는 소포를 저에게 보내 주었어요.

a package, to me

그는 스카프를 저를 위해 사 주었어요.

a scarf, for me

그녀는 케이크를 저를 위해 만들어 주었어요.

a cake, for me

1. She gave a present to me. 2. He gave some advice to me. 3. He sent a package to me. 4. He bought a scarf for me. 5. She made a cake for me.

UNIT 20 Review

우리말을 영어로 소리 내어 말해 보고, 말할 때마다 ☐에 √표 해 보세요.

| | | 1회 | 2회 | 3회 |

1 저는 수영할 수 있어요.

2 시간이 쏜살 같네요.

3 제 온몸이 쑤셨어요.

4 저는 천천히 운전했어요.

5 그는 빨리 달려요.

6 저는 서울에서 살아요.

7 저는 주말 내내 또 일했어요.

8 첫 기차는 6시에 출발해요.

9 해는 동쪽에서 떠요.

10 꽃은 봄에 피어요.

11 할 일이 많이 있어요.

12 곳곳에 표지판들이 있어요.

13 크리스마스트리 아래에 선물이 있어요.

14 이 글에 오타가 좀 있어요.

15 밖에 기자들이 있어요.

16 제 주머니 안에 시계가 있어요.

17 탁자 아래에 개가 있어요.

18 구석에 피아노가 있어요.

19 좋은 소식이 있는 것 같아요.

20 밖에 손님이 온 것 같아요.

	1회	2회	3회

21 제 상사는 저에게 스트레스를 줘요.

22 그녀는 저에게 이메일을 보냈어요.

23 그는 저에게 선물을 주었어요.

24 제가 당신에게 점심을 사고 싶어요.

25 그녀는 저에게 케이크를 만들어 주었어요.

26 그녀는 저에게 복사기 사용법을 가르쳐 주었어요.

27 그는 저에게 운전하는 법을 가르쳐 주었어요.

28 그녀는 저에게 기타 치는 법을 가르쳐 주었어요.

29 그는 저에게 자신의 여행 사진을 보여 주었어요.

30 그녀는 저에게 자신의 새 아파트를 보여 주었어요.

> 31~35번은 to를 이용하세요.

31 그녀는 선물을 저에게 주었어요.

32 그는 약간의 충고를 저에게 해 주었어요.

33 그녀는 영화표를 저에게 주었어요.

34 그녀는 책을 저에게 보내 주었어요.

35 그는 소포를 저에게 보내 주었어요.

> 36~40번은 for를 이용하세요.

36 그는 그것을 저를 위해 사 주었어요.

37 그녀는 표를 저를 위해 사 주었어요.

38 그는 스카프를 저를 위해 사 주었어요.

39 그녀는 케이크를 저를 위해 만들어 주었어요.

40 그는 카드를 저를 위해 만들어 주었어요.

UNIT 20 Review

앞에서 말한 영어 문장을 확인해 보세요.

1	저는 수영할 수 있어요.	I can swim.
2	시간이 쏜살 같네요.	Time flies.
3	제 온몸이 쑤셨어요.	My whole body ached.
4	저는 천천히 운전했어요.	I drove slowly.
5	그는 빨리 달려요.	He runs fast.
6	저는 서울에서 살아요.	I live in Seoul.
7	저는 주말 내내 또 일했어요.	I worked all weekend long again.
8	첫 기차는 6시에 출발해요.	The first train starts at six.
9	해는 동쪽에서 떠요.	The sun rises in the east.
10	꽃은 봄에 피어요.	Flowers bloom in the spring.
11	할 일이 많이 있어요.	There are lots of things to do.
12	곳곳에 표지판들이 있어요.	There are signs all over.
13	크리스마스트리 아래에 선물이 있어요.	There are presents under the Christmas tree.
14	이 글에 오타가 좀 있어요.	There are some typos in this essay.
15	밖에 기자들이 있어요.	There are reporters outside.
16	제 주머니 안에 시계가 있어요.	There is a watch in my pocket.
17	탁자 아래에 개가 있어요.	There is a dog under the table.
18	구석에 피아노가 있어요.	There is a piano in the corner.
19	좋은 소식이 있는 것 같아요.	There seems to be good news.
20	밖에 손님이 온 것 같아요.	There seems to be a guest outside.

21	제 상사는 저에게 스트레스를 줘요.	My boss gives me stress.
22	그녀는 저에게 이메일을 보냈어요.	She sent me an e-mail.
23	그는 저에게 선물을 주었어요.	He gave me a present.
24	제가 당신에게 점심을 사고 싶어요.	I'd like to buy you lunch.
25	그녀는 저에게 케이크를 만들어 주었어요.	She made me a cake.
26	그녀는 저에게 복사기 사용법을 가르쳐 주었어요.	She taught me how to use the copier.
27	그는 저에게 운전하는 법을 가르쳐 주었어요.	He taught me how to drive.
28	그녀는 저에게 기타 치는 법을 가르쳐 주었어요.	She taught me how to play the guitar.
29	그는 저에게 자신의 여행 사진을 보여 주었어요.	He showed me his trip pictures.
30	그녀는 저에게 자신의 새 아파트를 보여 주었어요.	She showed me her new apartment.

31~35번은 to를 이용하세요.

31	그녀는 선물을 저에게 주었어요.	She gave a present to me.
32	그는 약간의 충고를 저에게 해 주었어요.	He gave some advice to me.
33	그녀는 영화표를 저에게 주었어요.	She gave a movie ticket to me.
34	그녀는 책을 저에게 보내 주었어요.	She sent a book to me.
35	그는 소포를 저에게 보내 주었어요.	He sent a package to me.

36~40번은 for를 이용하세요.

36	그는 그것을 저를 위해 사 주었어요.	He bought it for me.
37	그녀는 표를 저를 위해 사 주었어요.	She bought a ticket for me.
38	그는 스카프를 저를 위해 사 주었어요.	He bought a scarf for me.
39	그녀는 케이크를 저를 위해 만들어 주었어요.	She made a cake for me.
40	그는 카드를 저를 위해 만들어 주었어요.	He made a card for me.

"열심히 일한 당신, 떠나라!"

I worked all day long.

There are lots of things to do.

I want her to give a present to me.

My boss gives me stress.

QR코드로 대표 문장이 담긴 노래를 들으실 수 있습니다.

WEEK 05 현재 시제

현재 시제는 현재의 상태, 반복되는 일이나 습관, 불변의 진리 등을 나타낼 때 사용한다.

Unit 21 현재 시제

Unit 22 현재 시제의 부정문과 의문문

Unit 23 현재진행 시제

Unit 24 현재진행 시제의 부정문과 의문문

Unit 25 Review

UNIT 21 현재 시제
He works in a law firm.

현재 시제의 쓰임

- ▶ 현재의 동작을 표현한다.   He **smiles** at me. 그는 저에게 미소 짓고 있어요.
- ▶ 현재의 상태를 표현한다.   I **am** hungry. 저는 배고파요.
- ▶ 일상적으로 반복되는 일이나 습관을 표현한다.   I **exercise** after work. 저는 퇴근 후에 운동해요.
- ▶ 일반적인 사실이나 불변의 진리를 표현한다.   The Earth **isn't** flat. 지구는 평평하지 않아요.

● 동사의 현재형

인칭	Be동사		일반동사	
	단수 주어	복수 주어	단수 주어	복수 주어
1인칭	I **am** happy. 저는 행복해요.	We **are** friends. 우리는 친구들이에요.	I **work** in a bank. 저는 은행에서 일해요.	We **work** in shifts. 우리는 교대로 일해요.
2인칭	You **are** right. 당신 말이 맞아요.	You **are** brothers. 당신들은 형제들이에요.	You **work** from home. 당신은 집에서 일해요.	You **work** hard. 당신들은 열심히 일해요.
3인칭	It **is** Friday today. 오늘은 금요일이에요.	They **are** Japanese. 그들은 일본 사람들이에요.	He **works** happily. 그는 즐겁게 일해요.	They **work** together. 그들은 같이 일해요.

Tip 현재 시제와 함께 사용되는 부사

① 빈도 부사: always 항상   usually 보통   often 종종   sometimes 때때로
             rarely 거의 ~않는   never 결코 ~않는

- 위치 ┌ be동사 뒤   He is **always** on time. 그는 항상 정시에 와요.
       └ 일반동사 앞   I **usually** get up at 7. 저는 보통 7시에 일어나요.

② 현재의 상태나 반복되는 일상과 어울리는 부사: now 지금   every day 날마다

오늘의 표현 10 🎧 21

1	He works in a law firm.	그는 법률사무소에서 일해요.
2	The department store opens at 10 o'clock.	백화점은 10시에 문을 열어요.
3	I like to surf the Internet.	저는 인터넷 서핑하는 것을 좋아해요.
4	I drink two cups of coffee every day.	저는 매일 커피 두 잔을 마셔요.
5	Seoul is the capital of Korea.	서울은 한국의 수도예요.
6	He drinks coffee at breakfast.	그는 아침 식사 중에 커피를 마셔요.
7	She only eats fish.	그녀는 생선만 먹어요.
8	I work out after work.	저는 퇴근 후에 운동을 해요.
9	I usually take the subway to work.	저는 보통 지하철을 타고 출근해요.
10	He always goes to church on Sundays.	그는 일요일마다 항상 교회에 가요.

📖 Target Words

law firm 법률사무소, 법률 회사
surf 인터넷을 서핑[검색] 하다
at breakfast 아침 식사 중에
after work 퇴근 후에

department store 백화점
two cups of coffee 커피 두 잔
fish 생선
subway 지하철

open 열다, 문을 열다
capital 수도
work out 운동하다
go to church 교회에 가다

Unit 21

생수다 연습

우리말에 해당하는 영어 표현을 소리 내어 말해 보세요.

그는 법률사무소에서 일해요.

백화점은 10시에 문을 열어요.

저는 인터넷 서핑하는 것을 좋아해요.

저는 매일 커피 두 잔을 마셔요.

서울은 한국의 수도예요.

그는 아침 식사 중에 커피를 마셔요.

그녀는 생선만 먹어요.

저는 퇴근 후에 운동을 해요.

저는 보통 지하철을 타고 출근해요.

그는 일요일마다 항상 교회에 가요.

현재 시제를 활용한 명언

Knowing others is intelligence;
knowing yourself is true wisdom.

다른 사람을 아는 것은 지식이지만, 나 자신을 아는 것은 진정한 지혜이다.

— Lao Tzu

생수다 연습 2

사진을 보고, 문장을 완성하여 말해 보세요.

1

opens / The department store / at 10 o'clock.

2

two cups of coffee / drink / I / every day.

3

is / Seoul / the capital of Korea.

4

only eats / She / fish.

5

after work. / work out / I

1. The department store opens at 10 o'clock. 2. I drink two cups of coffee every day. 3. Seoul is the capital of Korea. 4. She only eats fish. 5. I work out after work.

UNIT 22 현재 시제의 부정문과 의문문
He can't win arguments with his wife.

현재 시제의 부정문과 의문문의 형태

동사	부정문	의문문
be동사	「주어 + be동사의 현재형 + not ~.」	「Be동사의 현재형 + 주어 ~?」
일반동사	「주어 + do/does* + not + 동사원형 ~.」	「Do/Does* + 주어 + 동사원형 ~?」
조동사	「주어 + 조동사 + not + 동사원형 ~.」	「조동사 + 주어 + 동사원형 ~?」

* 주어가 3인칭 단수(He, She, It, 단수 명사)일 때는 do 대신 does를 사용한다.

● 현재 시제의 부정문과 의문문

동사	부정문	의문문
be동사	You **are not*** tired. 당신은 피곤하지 않아요.	**Are you** hungry? 당신은 배고파요?
일반동사	I **do not*** **like** to cook. 저는 요리하는 것을 좋아하지 않아요. He **does not*** **like** to cook. 그는 요리하는 것을 좋아하지 않아요.	**Do you like** to cook? 당신은 요리하는 것을 좋아하나요? **Does he like** to cook? 그는 요리하는 것을 좋아하나요?
조동사 can	I **cannot*** swim. 저는 수영할 수 없어요.	**Can you** swim? 당신은 수영할 수 있나요?

* are not = aren't   do not = don't   does not = doesn't   cannot = can't

● 현재 시제의 Wh- 의문문과 Yes/No 의문문

Wh- 의문문 & 대답	Q **What do** you do for a living? 당신의 직업은 무엇인가요? A I am a teacher. 저는 교사예요. Q **Who can** win the race? 누가 경주에서 이길 수 있을까요? A Sally can win the race. 샐리가 경주에서 우승할 수 있어요.
Yes/No 의문문 & 대답	Q **Do** you know the lyrics of this song? 당신은 이 노래의 가사를 아세요? A Yes, I know them by heart. 네, 저는 외워서 알고 있어요. Q **Does** he **work** in finance? 그는 재무 분야에서 일하나요? A No, he works in the fashion industry. 아니요, 그는 패션계에서 일해요.

오늘의 표현 10

 22

1	He can't win arguments with his wife.	그는 아내와의 말다툼에 이길 수 없어요.
2	Penguins can't fly.	펭귄은 날 수 없어요.
3	Money doesn't grow on trees.	돈은 나무에서 열리지 않아요. (돈을 아껴 쓰세요.)
4	The Earth isn't flat.	지구는 평평하지 않아요.
5	I don't like to travel alone.	저는 혼자 여행하는 것을 좋아하지 않아요.
6	Who can win the race?	누가 경주에서 이길 수 있을까요?
7	What field do you work in?	당신은 어느 분야에서 일하세요?
8	Where is Canada located?	캐나다는 어디에 위치해 있나요?
9	Do you know the lyrics of this song?	당신은 이 노래의 가사를 아세요?
10	Does he work in finance?	그는 재무 분야에서 일하나요?

Target Words

win 이기다, 우승하다
fly 날다
flat 평평한
lyric (노래) 가사

argument 논쟁, 말다툼
grow 자라다, 열리다
race 경주
located ~에 위치한

penguin 펭귄
Earth 지구
field 들판, 분야
finance 재무, 재정

생수다 연습

우리말에 해당하는 영어 표현을 소리 내어 말해 보세요.

그는 아내와의 말다툼에 이길 수 없어요. _____

펭귄은 날 수 없어요. _____

돈은 나무에서 열리지 않아요. (돈을 아껴 쓰세요.) _____

지구는 평평하지 않아요. _____

저는 혼자 여행하는 것을 좋아하지 않아요. _____

누가 경주에서 이길 수 있을까요? _____

당신은 어느 분야에서 일하세요? _____

캐나다는 어디에 위치해 있나요? _____

당신은 이 노래의 가사를 아세요? _____

그는 재무 분야에서 일하나요? _____

현재 시제 부정문을 활용한 명언

Good design doesn't date.
좋은 디자인은 구식이 되지 않는다.

— Harry Seidler

생수다 연습 2

사진을 보고, 주어진 단어와 어구를 사용하여 우리말에 알맞은 영어 문장을 말해 보세요.

1

그는 아내와의 말다툼에 이길 수 없어요.
win arguments

2

펭귄은 날 수 없어요.
Penguins, fly

3

지구는 평평하지 않아요.
The Earth, flat

4

누가 경주에서 이길 수 있을까요?
Who, race

5

캐나다는 어디에 위치해 있나요?
Where, located

1. He can't win arguments with his wife. 2. Penguins can't fly. 3. The Earth isn't flat. 4. Who can win the race? 5. Where is Canada located?

UNIT 23 현재진행 시제
She is talking to him.

1 현재진행 시제의 형태: 「주어 + be동사의 현재형 + 동사원형-ing ~.」

I **am listening** to music. 저는 음악을 듣고 있어요.

2 현재진행 시제의 쓰임

▶ 말하고 있는 순간에 진행되고 있는 동작을 표현한다.

She **is watching** the show. 그녀는 쇼를 보고 있어요.

▶ come, go, leave, arrive 등의 동사들은 현재진행형이 미래를 대신할 수 있다.

He **is leaving** soon. 그는 곧 떠날 거예요.

3 동사의 -ing형 만들기

동사	동사원형 + -ing	예시
대부분의 동사	동사원형 + -ing	eat**ing**, read**ing**
-e로 끝나는 동사	동사에서 -e를 빼고 + -ing	com**ing**, mak**ing**
「단모음+단자음」으로 끝나는 동사	마지막 자음을 한 번 더 쓰고 + -ing	cut**ting**, run**ning**

● 진행형으로 쓰지 않는 동사들

지각	hear 듣다 see 보다
소유	have 가지다 belong 속하다 own 소유하다
인지	know 알다 think 생각하다 understand 이해하다
감정	love 사랑하다 like 좋아하다 hate 싫어하다

> **Tip**
> have가 '가지다'라는 소유의 의미가 아니라 동작을 나타내는 다른 의미로 사용될 경우 진행형이 가능하다.
>
> I am <u>having</u> a car. 저는 차를 가지고 있어요. (X) 가지다 (소유)
>
> I am <u>having</u> lunch. 저는 점심을 먹고 있어요. (O) 먹다 (동작)

오늘의 표현 10

1	She is talking to him.	그녀는 그에게 말하고 있어요.
2	I am watching TV now.	저는 지금 TV를 보고 있어요.
3	He is reading a webtoon right now.	그는 지금 웹툰을 보고 있어요.
4	She is taking a nap now.	그녀는 지금 낮잠을 자고 있어요.
5	They are going to the supermarket.	그들은 슈퍼마켓에 가고 있어요.
6	The sun is shining brightly.	햇빛이 밝게 비치고 있어요.
7	It is raining heavily.	비가 많이 오고 있어요.
8	It is snowing outside.	밖에 눈이 오고 있어요.
9	I am coming tomorrow.	저는 내일 올 거예요.
10	The train is coming in ten minutes.	기차가 10분 후에 올 거예요.

Target Words

talk to ~에게 말을 하다
take a nap 낮잠을 자다
brightly 밝게
outside 밖에
watch TV TV를 보다
supermarket 슈퍼마켓
heavily (비나 눈이) 많게, 엄청나게
tomorrow 내일
webtoon 웹툰
shine 빛나다, 비치다
snow 눈, 눈이 오다[내리다]
in ten minutes 10분 후에

Unit 23

생수다 연습

우리말에 해당하는 영어 표현을 소리 내어 말해 보세요.

그녀는 그에게 말하고 있어요.

저는 지금 TV를 보고 있어요.

그는 지금 웹툰을 보고 있어요.

그녀는 지금 낮잠을 자고 있어요.

그들은 슈퍼마켓에 가고 있어요.

햇빛이 밝게 비치고 있어요.

비가 많이 오고 있어요.

밖에 눈이 오고 있어요.

저는 내일 올 거예요.

기차가 10분 후에 올 거예요.

현재진행 시제를 활용한 명언

Our earth is talking to us, and we must listen to it and decipher its message if we want to survive.

우리의 지구가 우리에게 말하고 있고 우리가 살아남고 싶다면
우리는 그에 귀를 기울이고 그의 메세지를 알아내야 한다.

– Pope Benedict XVI

생수다 연습 2

사진을 보고, 문장을 완성하여 말해 보세요.

is talking / She / to him.

_____

I / now. / TV / am watching

_____

now. / is taking / a nap / She

_____

The sun / brightly. / is shining

_____

in ten minutes. / is coming / The train

_____

1. She is talking to him. 2. I am watching TV now. 3. She is taking a nap now. 4. The sun is shining brightly. 5. The train is coming in ten minutes.

UNIT 24 현재진행 시제의 부정문과 의문문
He is not listening to her.

현재진행 시제의 부정문과 의문문의 형태

▶ 부정문: 「주어 + be동사의 현재형 + not + 동사원형 -ing ~.」
  I am not watching TV. 저는 TV를 보고 있지 않아요.

▶ 의문문: 「Be동사의 현재형 + 주어 + 동사원형 -ing ~?」
  Is Tom **singing?** 탐은 노래를 부르고 있어요?

● 현재진행 시제의 부정문과 의문문

부정문	의문문
You **are not paying** attention. 당신은 주의를 기울이고 있지 않아요.	**Are** you **paying** attention? 당신은 주의를 기울이고 있나요?
She **is not taking** a break. 그녀는 잠깐 쉬고 있지 않아요.	**Is** she **taking** a break? 그녀는 잠깐 쉬는 중인가요?

● 현재진행 시제의 Wh- 의문문과 Yes/No 의문문

Wh- 의문문 & 대답	Q **Why are** you **doing** this to me? 당신은 왜 저에게 이렇게 하시나요? A I am trying to help you. 저는 당신을 도우려는 거예요. Q **Where are** you **staying** now? 당신은 지금 어디에서 묵고 있나요? A I am staying at my friend's house. 저는 제 친구 집에 머무르고 있어요.
Yes/No 의문문 & 대답	Q **Are** you **working** on that project? 당신은 저 프로젝트를 하고 계신가요? A Yes, I am (working on that project). 네, 저는 저 프로젝트를 하고 있어요. Q **Are** you **trying** to convince me? 당신은 저를 설득하려고 애쓰시나요? A No, I'm not (trying to convince you). 아니요, 저는 당신을 설득하려고 하는 것이 아니에요.

오늘의 표현 10

1	He is not listening to her.	그는 그녀의 말을 듣고 있지 않아요.
2	She is not doing her job properly.	그녀는 자신의 일을 잘하고 있지 않아요.
3	He is not paying attention to her.	그는 그녀에게 신경을 쓰고 있지 않아요.
4	He is not attending the meeting.	그는 회의에 참석하고 있지 않아요.
5	She is not answering my calls.	그녀는 제 전화를 받지 않아요.
6	Where are you staying now?	당신은 지금 어디에서 묵고 있나요?
7	What are you doing right now?	당신은 지금 무엇을 하고 있나요?
8	Why are you doing this to me?	당신은 왜 저에게 이렇게 하시나요?
9	Are you working on that project?	당신은 저 프로젝트를 하고 계신가요?
10	Are you trying to convince me?	당신은 저를 설득하려고 애쓰시나요?

Target Words

listen to ~에 귀 기울이다, ~을 듣다
pay attention to ~에 신경 쓰다
answer (전화에) 답하다
right now 바로 지금
job 일
attend 참석하다
call 전화 통화
work on ~을 하다
properly 잘, 적절히
meeting 회의
stay 묵다, 머무르다
convince 설득하다

생수다 연습

우리말에 해당하는 영어 표현을 소리 내어 말해 보세요.

그는 그녀의 말을 듣고 있지 않아요.

그녀는 자신의 일을 잘하고 있지 않아요.

그는 그녀에게 신경을 쓰고 있지 않아요.

그는 회의에 참석하고 있지 않아요.

그녀는 제 전화를 받지 않아요.

당신은 지금 어디에서 묵고 있나요?

당신은 지금 무엇을 하고 있나요?

당신은 왜 저에게 이렇게 하시나요?

당신은 저 프로젝트를 하고 계신가요?

당신은 저를 설득하려고 애쓰시나요?

현재진행 시제 부정문을 활용한 명언

A writer who isn't writing is asking for trouble.

글을 쓰지 않는 작가는 화를 자초하는 것이다.

— Walter Kirn

생수다 연습 2

사진을 보고, 주어진 단어와 어구를 사용하여 우리말에 알맞은 영어 문장을 말해 보세요.

1

그는 그녀의 말을 듣고 있지 않아요.
not, listen

2

그녀는 자신의 일을 잘하고 있지 않아요.
not, properly

3

그녀는 제 전화를 받지 않아요.
answer

4

당신은 지금 어디에서 묵고 있나요?
Where, stay

5

당신은 저 프로젝트를 하고 계신가요?
work on

1. He is not listening to her. 2. She is not doing her job properly. 3. She is not answering my calls. 4. Where are you staying now? 5. Are you working on that project?

UNIT 25 Review

우리말을 영어로 소리 내어 말해 보고, 말할 때마다 ■에 √표 해 보세요.

1 그는 법률사무소에서 일해요.
2 백화점은 10시에 문을 열어요.
3 저는 인터넷 서핑하는 것을 좋아해요.
4 저는 매일 커피 두 잔을 마셔요.
5 서울은 한국의 수도예요.
6 그는 아침 식사 중에 커피를 마셔요.
7 그녀는 생선만 먹어요.
8 저는 퇴근 후에 운동을 해요.
9 저는 보통 지하철을 타고 출근해요.
10 그는 일요일마다 항상 교회에 가요.
11 그는 아내와의 말다툼에 이길 수 없어요.
12 펭귄은 날 수 없어요.
13 돈은 나무에서 열리지 않아요. (돈을 아껴 쓰세요.)
14 지구는 평평하지 않아요.
15 저는 혼자 여행하는 것을 좋아하지 않아요.
16 누가 경주에서 이길 수 있을까요?
17 당신은 어느 분야에서 일하세요?
18 캐나다는 어디에 위치해 있나요?
19 당신은 이 노래의 가사를 아세요?
20 그는 재무 분야에서 일하나요?

	1회	2회	3회
21 그녀는 그에게 말하고 있어요.	■	■	■
22 저는 지금 TV를 보고 있어요.	■	■	■
23 그는 지금 웹툰을 보고 있어요.	■	■	■
24 그녀는 지금 낮잠을 자고 있어요.	■	■	■
25 그들은 슈퍼마켓에 가고 있어요.	■	■	■
26 햇빛이 밝게 비치고 있어요.	■	■	■
27 비가 많이 오고 있어요.	■	■	■
28 밖에 눈이 오고 있어요.	■	■	■
29 저는 내일 올 거예요.	■	■	■
30 기차가 10분 후에 올 거예요.	■	■	■
31 그는 그녀의 말을 듣고 있지 않아요.	■	■	■
32 그녀는 자신의 일을 잘하고 있지 않아요.	■	■	■
33 그는 그녀에게 신경을 쓰고 있지 않아요.	■	■	■
34 그는 회의에 참석하고 있지 않아요.	■	■	■
35 그녀는 제 전화를 받지 않아요.	■	■	■
36 당신은 지금 어디에서 묵고 있나요?	■	■	■
37 당신은 지금 무엇을 하고 있나요?	■	■	■
38 당신은 왜 저에게 이렇게 하시나요?	■	■	■
39 당신은 저 프로젝트를 하고 계신가요?	■	■	■
40 당신은 저를 설득하려고 애쓰시나요?	■	■	■

UNIT 25 Review

앞에서 말한 영어 문장을 확인해 보세요.

1 그는 법률사무소에서 일해요.   He works in a law firm.
2 백화점은 10시에 문을 열어요.   The department store opens at 10 o'clock.
3 저는 인터넷 서핑하는 것을 좋아해요.   I like to surf the Internet.
4 저는 매일 커피 두 잔을 마셔요.   I drink two cups of coffee every day.
5 서울은 한국의 수도예요.   Seoul is the capital of Korea.
6 그는 아침 식사 중에 커피를 마셔요.   He drinks coffee at breakfast.
7 그녀는 생선만 먹어요.   She only eats fish.
8 저는 퇴근 후에 운동을 해요.   I work out after work.
9 저는 보통 지하철을 타고 출근해요.   I usually take the subway to work.
10 그는 일요일마다 항상 교회에 가요.   He always goes to church on Sundays.
11 그는 아내와의 말다툼에 이길 수 없어요.   He can't win arguments with his wife.
12 펭귄은 날 수 없어요.   Penguins can't fly.
13 돈은 나무에서 열리지 않아요. (돈을 아껴 쓰세요.)   Money doesn't grow on trees.
14 지구는 평평하지 않아요.   The Earth isn't flat.
15 저는 혼자 여행하는 것을 좋아하지 않아요.   I don't like to travel alone.
16 누가 경주에서 이길 수 있을까요?   Who can win the race?
17 당신은 어느 분야에서 일하세요?   What field do you work in?
18 캐나다는 어디에 위치해 있나요?   Where is Canada located?
19 당신은 이 노래의 가사를 아세요?   Do you know the lyrics of this song?
20 그는 재무 분야에서 일하나요?   Does he work in finance?

21	그녀는 그에게 말하고 있어요.	She is talking to him.
22	저는 지금 TV를 보고 있어요.	I am watching TV now.
23	그는 지금 웹툰을 보고 있어요.	He is reading a webtoon right now.
24	그녀는 지금 낮잠을 자고 있어요.	She is taking a nap now.
25	그들은 슈퍼마켓에 가고 있어요.	They are going to the supermarket.
26	햇빛이 밝게 비치고 있어요.	The sun is shining brightly.
27	비가 많이 오고 있어요.	It is raining heavily.
28	밖에 눈이 오고 있어요.	It is snowing outside.
29	저는 내일 올 거예요.	I am coming tomorrow.
30	기차가 10분 후에 올 거예요.	The train is coming in ten minutes.
31	그는 그녀의 말을 듣고 있지 않아요.	He is not listening to her.
32	그녀는 자신의 일을 잘하고 있지 않아요.	She is not doing her job properly.
33	그는 그녀에게 신경을 쓰고 있지 않아요.	He is not paying attention to her.
34	그는 회의에 참석하고 있지 않아요.	He is not attending the meeting.
35	그녀는 제 전화를 받지 않아요.	She is not answering my calls.
36	당신은 지금 어디에서 묵고 있나요?	Where are you staying now?
37	당신은 지금 무엇을 하고 있나요?	What are you doing right now?
38	당신은 왜 저에게 이렇게 하시나요?	Why are you doing this to me?
39	당신은 저 프로젝트를 하고 계신가요?	Are you working on that project?
40	당신은 저를 설득하려고 애쓰시나요?	Are you trying to convince me?

"남편은 아내를 이길 수 없다."

He works in a law firm.

She is talking to him.

He is not listening to her.

He can't win arguments with his wife.

QR코드로 대표 문장이 담긴 노래를 들으실 수 있습니다.

WEEK 06 과거 시제

과거 시제는 과거에 한 일, 과거의 상태,
역사적인 사실을 나타낼 때 사용한다.

Unit 26   과거 시제

Unit 27   과거 시제의 부정문과 의문문

Unit 28   과거진행 시제

Unit 29   과거진행 시제의 부정문과 의문문

Unit 30   Review

UNIT 26 과거 시제
I started working here five years ago.

과거 시제의 쓰임

- ▶ 과거에 한 일을 표현한다.   He **waved** at me. 그는 저에게 손을 흔들었어요.
- ▶ 과거의 상태를 표현한다.   I **was** tired. 저는 피곤했어요.
- ▶ 역사적인 사실을 표현한다. World War II **broke out** in 1939. 2차 세계대전은 1939년에 발발했어요.

● 동사의 과거형

동사	구분	과거형 동사	예문
be동사	주어가 I, He, She, It	was	He **was** upset. 그가 화났었어요.
	주어가 We, You, They	were	We **were** late. 우리는 늦었어요.
일반동사	대부분의 동사	「동사원형+-(e)d」	I **walked** home. 저는 집에 걸어갔어요.
	「단모음+단자음」으로 끝나는 동사	「자음을 겹치고+-ed」	She **stopped** the bus. 그녀는 버스를 세웠어요.
	「자음+y」로 끝나는 동사	「y를 i로 고치고+-ed」	He **cried** for help. 그는 소리 질러 도움을 요청했어요.
	「모음+y」로 끝나는 동사	「동사원형+-ed」	He **played** soccer. 그는 축구를 했어요.

● 대표적인 불규칙 동사의 과거형

동사원형	과거형	동사원형	과거형	동사원형	과거형
buy 사다	bought	come 오다	came	find 찾다	found
get 얻다	got	go 가다	went	have 가지다	had
know 알다	knew	make 만들다	made	put 두다	put

> **Tip** 과거 시제와 함께 사용되는 부사(구)
>
> **ago** 전에   **yesterday** 어제   **last night** 어젯밤   **last week** 지난주   **last year** 작년

 생생한 영어 수다

오늘의 표현 10

🎧 26

1	I started working here five years ago.	저는 5년 전에 여기서 일하기 시작했어요.
2	I played basketball yesterday.	저는 어제 농구를 했어요.
3	I watched a movie last night.	저는 어젯밤에 영화를 보았어요.
4	I participated in that project.	저는 저 프로젝트에 참여했어요.
5	I stopped playing golf a year ago.	저는 일 년 전에 골프 치는 것을 그만두었어요.
6	I got this job when I was 24.	저는 24살 때 이 일을 하게 되었어요.
7	I ran errands all the time.	저는 늘 심부름만 했어요.
8	I brought some pretzels.	저는 프레첼을 좀 가져왔어요.
9	I was clueless when I started acting.	연기를 시작했을 때 저는 아무것도 몰랐어요.
10	He was confused about the directions.	그는 길을 헷갈렸어요.

Target Words

start 시작하다
participate in ~에 참개[참여]하다
all the time 늘, 자주, 내내
clueless ~을 할 줄 모르는

play basketball 농구를 하다
a year ago 일 년 전에
brought 가져왔다 (bring의 과거형)
be confused about ~에 헷갈리다

watch 보다, 지켜보다
run an errand 심부름을 하다
pretzel 프레첼
directions 길 안내

Unit 26

생수다 연습

우리말에 해당하는 영어 표현을 소리 내어 말해 보세요.

저는 5년 전에 여기서 일하기 시작했어요.

저는 어제 농구를 했어요.

저는 어젯밤에 영화를 보았어요.

저는 저 프로젝트에 참여했어요.

저는 일 년 전에 골프 치는 것을 그만두었어요.

저는 24살 때 이 일을 하게 되었어요.

저는 늘 심부름만 했어요.

저는 프레첼을 좀 가져왔어요.

연기를 시작했을 때 저는 아무것도 몰랐어요.

그는 길을 헷갈렸어요.

과거 시제를 활용한 명언

While others prayed for the good time coming, I worked for it.

다른 사람들이 좋은 때가 오길 기도하는 동안, 나는 그것을 위해 직접 했다.
- Victoria Woodhull

생수다 연습 2

사진을 보고, 문장을 완성하여 말해 보세요.

1

played / I / basketball / yesterday.

_____

2

I / in that project. / participated

_____

3

stopped / I / playing golf / a year ago.

_____

4

brought / I / some pretzels.

_____

5

about the directions. / was confused / He

_____

1. I played basketball yesterday. 2. I participated in that project. 3. I stopped playing golf a year ago. 4. I brought some pretzels. 5. He was confused about the directions.

UNIT 27 과거 시제의 부정문과 의문문
I didn't complain at all.

과거 시제의 부정문과 의문문의 형태

동사	부정문	의문문
be동사	「주어 + be동사의 과거형 + not ~.」	「Be동사의 과거형 + 주어 ~?」
일반동사	「주어 + did not + 동사원형 ~.」	「Did + 주어 + 동사원형 ~?」

● 과거 시제의 부정문과 의문문

동사	부정문	의문문
be동사	You **were not*** tired. 당신은 피곤하지 않았어요. He **was not*** happy. 그는 행복하지 않았어요.	**Were** you excited? 당신은 신이 났나요? **Was** he hungry? 그는 배고팠어요?
일반동사	I **did not*** have time to do that. 저는 저것을 할 시간이 없었어요.	**Did** you buy a car? 당신은 차를 샀나요?

* were not = weren't   was not = wasn't   did not = didn't

● 과거 시제의 Wh- 의문문과 Yes/No 의문문

Wh- 의문문 & 대답	Q **What did** you buy at the mall? 당신은 쇼핑몰에서 무엇을 샀어요? A I bought a new pair of shoes. 저는 새 신발 한 켤레를 샀어요. Q **Why were** you late? 당신은 왜 늦었어요? A I was late because of a traffic jam. 저는 교통 정체 때문에 늦었어요.
Yes/No 의문문 & 대답	Q **Were** you excited to see him? 당신은 그를 보게 되어 신이 났나요? A Yes, I was (excited to see him). 네, 저는 그를 보게 되어 신이 났어요. Q **Did** he finish the project in time? 그는 프로젝트를 제시간에 끝냈나요? A No, he didn't (finish the project in time). 아니요, 그는 제시간에 프로젝트를 끝내지 못했어요.

오늘의 표현 10 🎧 27

1	I didn't complain at all.	저는 전혀 불평하지 않았어요.
2	I didn't ask, and I don't care.	저는 묻지도 않았고, 신경 쓰지도 않아요.
3	I didn't know what to do.	저는 무엇을 해야 할지 몰랐어요.
4	I didn't mean to offend you.	저는 당신의 기분을 상하게 할 의도는 없었어요.
5	I didn't realize the show was over.	저는 쇼가 끝났다는 것을 알지 못했어요.
6	What did you buy at the mall?	당신은 쇼핑몰에서 무엇을 사셨어요?
7	Why did you choose that major?	당신은 왜 그 전공을 택했어요?
8	Why were you late?	당신은 왜 늦었어요?
9	Were you at the party last night?	당신은 어젯밤에 파티에 갔었나요?
10	Were you surprised to hear the news?	당신은 그 소식을 듣고 놀랐나요?

📖 Target Words

complain 불평하다
what to do 무엇을 해야 할지
realize 알게 되다, 깨닫다
choose 선택하다, 고르다

not at all 결코 ~하지 않는
mean to do ~을 의도하다
be over 끝나다
major 전공

care 상관하다, 신경 쓰다
offend (기분을) 상하게 하다
buy 사다
suprised 놀란, 놀라는

Unit 27

생수다 연습

우리말에 해당하는 영어 표현을 소리 내어 말해 보세요.

저는 전혀 불평하지 않았어요.

저는 묻지도 않았고, 신경 쓰지도 않아요.

저는 무엇을 해야 할지 몰랐어요.

저는 당신의 기분을 상하게 할 의도는 없었어요.

저는 쇼가 끝났다는 것을 알지 못했어요.

당신은 쇼핑몰에서 무엇을 사셨어요?

당신은 왜 그 전공을 택했어요?

당신은 왜 늦었어요?

당신은 어젯밤에 파티에 갔었나요?

당신은 그 소식을 듣고 놀랐나요?

과거 시제 부정문을 활용한 명언

I never did a day's work in my life. It was all for fun.

나는 평생 하루도 일을 하지 않았다. 내 직업은 모두 재미있는 놀이였다.

— Thomas Edison

생수다 연습 2

사진을 보고, 주어진 단어와 어구를 사용하여 우리말에 알맞은 영어 문장을 말해 보세요.

1

저는 무엇을 해야 할지 몰랐어요.

know what to do

___

2

저는 당신의 기분을 상하게 할 의도는 없었어요.

mean to offend

___

3

저는 쇼가 끝났다는 것을 알지 못했어요.

realize, over

___

4

당신은 쇼핑몰에서 무엇을 사셨어요?

What, buy

___

5

당신은 왜 늦었어요?

Why, late

___

1. I didn't know what to do. 2. I didn't mean to offend you. 3. I didn't realize the show was over. 4. What did you buy at the mall? 5. Why were you late?

Unit 27

UNIT 28 과거진행 시제
I was sitting next to my boss.

1 과거진행 시제의 형태

▶ 「주어 + be동사의 과거형(was/were) + 동사원형-ing ~.」

2 과거진행 시제의 쓰임

▶ 과거의 특정 시점에 진행되던 행위나 상황이 일어났던 한 순간을 표현한다.

She **was watching** the show then. 그녀는 그때 쇼를 보고 있었어요.

◆ 과거진행 시제와 과거 시제

과거진행 시제의 특정 시점은 과거 시제로 나타낸다.

<u>I was taking a shower</u> when the phone <u>rang</u>. 전화가 울렸을 때 저는 샤워를 하고 있었어요.
　　과거진행　　　　　　　　　　　과거

<u>I was having dinner</u> when you <u>called</u>. 당신이 전화했을 때 저는 저녁을 먹고 있었어요.
　　과거진행　　　　　　　　　과거

오늘의 표현 10

 28

1	I was sitting next to my boss.	저는 상사 옆에 앉아 있었어요.
2	I was doing the laundry.	저는 빨래를 하고 있었어요.
3	I was taking out the trash.	저는 쓰레기를 내다 버리고 있었어요.
4	I was fixing a leak under the sink.	저는 싱크대 밑에 새는 곳을 고치고 있었어요.
5	I was talking with a group of teenagers.	저는 십대 아이들 무리와 이야기하고 있었어요.
6	I was taking a shower when the phone rang.	전화가 울렸을 때 저는 샤워를 하고 있었어요.
7	I was having dinner when you called.	당신이 전화했을 때 저는 저녁을 먹고 있었어요.
8	He was investigating the case.	그는 그 사건을 조사하고 있었어요.
9	He was downloading the files.	그는 파일을 내려받고 있었어요.
10	I was watching a movie when he came to my house.	그가 우리 집에 왔을 때 저는 영화를 보고 있었어요.

Target Words

next to ~ 옆에
take out the trash 쓰레기를 버리다
teenager 십대
investigate 조사하다

boss 상관, 상사
fix 고치다, 수리하다
take a shower 샤워를 하다
case 사건

do the laundry 빨래하다
leak 새는 곳, 구멍, 틈
rang 울렸다 (ring의 과거형)
download (데이터를) 내려받다

Unit 28

생수다 연습

우리말에 해당하는 영어 표현을 소리 내어 말해 보세요.

저는 상사 옆에 앉아 있었어요. _____

저는 빨래를 하고 있었어요. _____

저는 쓰레기를 내다 버리고 있었어요. _____

저는 싱크대 밑에 새는 곳을 고치고 있었어요. _____

저는 십대 아이들 무리와 이야기하고 있었어요. _____

전화가 울렸을 때 저는 샤워를 하고 있었어요. _____

당신이 전화했을 때 저는 저녁을 먹고 있었어요. _____

그는 그 사건을 조사하고 있었어요. _____

그는 파일을 내려받고 있었어요. _____

그가 우리 집에 왔을 때 저는 영화를 보고 있었어요. _____

과거진행 시제를 활용한 명언

**While I thought that I was learning how to live,
I have been learning how to die.**

내가 사는 법을 배웠다고 생각하는 동안 나는 죽는 법을 배웠다.

– Leonardo da Vinci

생수다 연습 2

사진을 보고, 문장을 완성하여 말해 보세요.

1

was sitting / I / my boss. / next to

2

I / the trash. / was taking out

3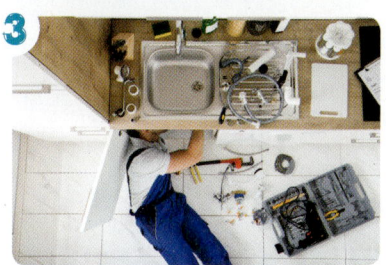

under the sink. / was fixing / a leak / I

4

dinner / I / when you called. / was having

5

when he came to my house. / I / a movie / was watching

1. I was sitting next to my boss. 2. I was taking out the trash. 3. I was fixing a leak under the sink. 4. I was having dinner when you called. 5. I was watching a movie when he came to my house.

과거진행 시제의 부정문과 의문문
Where were you sitting?

과거진행 시제의 부정문과 의문문의 형태

▶ 과거진행 시제의 부정문: 「주어 + be동사의 과거형 + not + 동사원형-ing ~.」
I **was not watching** TV. 저는 TV를 보고 있지 않았어요.

▶ 과거진행 시제의 의문문: 「Be동사의 과거형 + 주어 + 동사원형-ing ~?」
Was Tom **playing** soccer? 탐은 축구를 하고 있었어요?

● 과거진행 시제의 부정문과 의문문

부정문	의문문
You **were not*** **paying** attention. 당신은 주의를 기울이고 있지 않았어요.	**Were** you **paying** attention? 당신은 주의를 기울이고 있었나요?
She **was not*** **taking** a break. 그녀는 잠깐 쉬고 있지 않았어요.	**Was** she **taking** a break? 그녀는 잠깐 쉬고 있었나요?

* were not = weren't   was not = wasn't

● 과거진행 시제의 Wh- 의문문과 Yes/No 의문문

Wh- 의문문 & 대답	Q **What were** you **doing**? 당신은 무엇을 하고 있었어요? A I **was helping** my sister with her gardening. 저는 제 여동생이 정원 가꾸는 것을 돕고 있었어요. Q **Where were** you **sitting**? 당신은 어디에 앉아 있었어요? A I **was sitting** in front of the fire place. 저는 벽난로 앞에 앉아 있었어요.
Yes/No 의문문 & 대답	Q **Were** you **helping** them? 당신은 그들을 돕고 있었어요? A Yes, I **was helping** them. 네, 저는 그들을 돕고 있었어요. Q **Were** you **trying** to buy a computer? 당신은 컴퓨터를 사려는 중이었어요? A No, I **was** just **browsing**. 아니요, 저는 그저 둘러보고 있는 중이었어요.

오늘의 표현 10

1	I was not considering any alternatives.	저는 다른 대안을 고려하고 있지 않았어요.
2	I was not following his guidelines.	저는 그의 지침을 따르고 있지 않았어요.
3	I was not working at the office.	저는 사무실에서 일하고 있지 않았어요.
4	I was not running along the lake.	저는 호수를 따라서 달리고 있지 않았어요.
5	I was not doing the research with him.	저는 그와 함께 연구를 하고 있지 않았어요.
6	Where were you sitting?	당신은 어디에 앉아 있었어요?
7	What were you doing?	당신은 무엇을 하고 있었어요?
8	Why were you waiting there?	당신은 왜 거기서 기다리고 있었어요?
9	Were you helping them?	당신은 그들을 돕고 있었어요?
10	Were you trying to buy a computer?	당신은 컴퓨터를 사려는 중이었어요?

Target Words

consider ~을 고려하다
guideline 지침
lake 호수
sit 앉다

alternative 대안
at the office 사무실에서
research 연구, 조사
wait 기다리다

follow (규칙, 규율을) 따르다
along ~을 따라서
do the research 연구를 하다
help 돕다

생수다 연습

우리말에 해당하는 영어 표현을 소리 내어 말해 보세요.

저는 다른 대안을 고려하고 있지 않았어요.

저는 그의 지침을 따르고 있지 않았어요.

저는 사무실에서 일하고 있지 않았어요.

저는 호수를 따라서 달리고 있지 않았어요.

저는 그와 함께 연구를 하고 있지 않았어요.

당신은 어디에 앉아 있었어요?

당신은 무엇을 하고 있었어요?

당신은 왜 거기서 기다리고 있었어요?

당신은 그들을 돕고 있었어요?

당신은 컴퓨터를 사려는 중이었어요?

과거진행 시제 부정문을 활용한 명언

... when I was not doing any original material ... that's not who I am.

... 내가 독창적인 일을 하고 있지 않았을 때는 ... 내가 아니었다.

— Sylvester Stallone

생수다 연습 2

사진을 보고, 주어진 단어와 어구를 사용하여 우리말에 알맞은 영어 문장을 말해 보세요.

1

저는 사무실에서 일하고 있지 않았어요.
work, at the office

_____

2

저는 호수를 따라서 달리고 있지 않았어요.
run, along

_____

3

저는 그와 함께 연구를 하고 있지 않았어요.
do the research

_____

4

당신은 어디에 앉아 있었어요?
Where, sit

_____

5

당신은 왜 거기서 기다리고 있었어요?
Why, wait

_____

1. I was not working at the office. 2. I was not running along the lake. 3. I was not doing the research with him. 4. Where were you sitting? 5. Why were you waiting there?

Unit 29

UNIT 30 Review

우리말을 영어로 소리 내어 말해 보고, 말할 때마다 ■에 √표 해 보세요.

| | 1회 | 2회 | 3회 |

1 저는 5년 전에 여기서 일하기 시작했어요.

2 저는 어제 농구를 했어요.

3 저는 어젯밤에 영화를 보았어요.

4 저는 저 프로젝트에 참여했어요.

5 저는 일 년 전에 골프 치는 것을 그만두었어요.

6 저는 24살 때 이 일을 하게 되었어요.

7 저는 늘 심부름만 했어요.

8 저는 프레첼을 좀 가져왔어요.

9 연기를 시작했을 때 저는 아무것도 몰랐어요.

10 그는 길을 헷갈렸어요.

11 저는 전혀 불평하지 않았어요.

12 저는 묻지도 않았고, 신경 쓰지도 않아요.

13 저는 무엇을 해야 할지 몰랐어요.

14 저는 당신의 기분을 상하게 할 의도는 없었어요.

15 저는 쇼가 끝났다는 것을 알지 못했어요.

16 당신은 쇼핑몰에서 무엇을 사셨어요?

17 당신은 왜 그 전공을 택했어요?

18 당신은 왜 늦었어요?

19 당신은 어젯밤에 파티에 갔었나요?

20 당신은 그 소식을 듣고 놀랐나요?

	1회	2회	3회
21 저는 상사 옆에 앉아 있었어요.			
22 저는 빨래를 하고 있었어요.			
23 저는 쓰레기를 내다 버리고 있었어요.			
24 저는 싱크대 밑에 새는 곳을 고치고 있었어요.			
25 저는 십대 아이들 무리와 이야기하고 있었어요.			
26 전화가 울렸을 때 저는 샤워를 하고 있었어요.			
27 당신이 전화했을 때 저는 저녁을 먹고 있었어요.			
28 그는 그 사건을 조사하고 있었어요.			
29 그는 파일을 내려받고 있었어요.			
30 그가 우리 집에 왔을 때 저는 영화를 보고 있었어요.			
31 저는 다른 대안을 고려하고 있지 않았어요.			
32 저는 그의 지침을 따르고 있지 않았어요.			
33 저는 사무실에서 일하고 있지 않았어요.			
34 저는 호수를 따라서 달리고 있지 않았어요.			
35 저는 그와 함께 연구를 하고 있지 않았어요.			
36 당신은 어디에 앉아 있었어요?			
37 당신은 무엇을 하고 있었어요?			
38 당신은 왜 거기서 기다리고 있었어요?			
39 당신은 그들을 돕고 있었어요?			
40 당신은 컴퓨터를 사려는 중이었어요?			

Review

앞에서 말한 영어 문장을 확인해 보세요.

1 저는 5년 전에 여기서 일하기 시작했어요. — I started working here five years ago.
2 저는 어제 농구를 했어요. — I played basketball yesterday.
3 저는 어젯밤에 영화를 보았어요. — I watched a movie last night.
4 저는 저 프로젝트에 참여했어요. — I participated in that project.
5 저는 일 년 전에 골프 치는 것을 그만두었어요. — I stopped playing golf a year ago.
6 저는 24살 때 이 일을 하게 되었어요. — I got this job when I was 24.
7 저는 늘 심부름만 했어요. — I ran errands all the time.
8 저는 프레첼을 좀 가져왔어요. — I brought some pretzels.
9 연기를 시작했을 때 저는 아무것도 몰랐어요. — I was clueless when I started acting.
10 그는 길을 헷갈렸어요. — He was confused about the directions.
11 저는 전혀 불평하지 않았어요. — I didn't complain at all.
12 저는 묻지도 않았고, 신경 쓰지도 않아요. — I didn't ask, and I don't care.
13 저는 무엇을 해야 할지 몰랐어요. — I didn't know what to do.
14 저는 당신의 기분을 상하게 할 의도는 없었어요. — I didn't mean to offend you.
15 저는 쇼가 끝났다는 것을 알지 못했어요. — I didn't realize the show was over.
16 당신은 쇼핑몰에서 무엇을 사셨어요? — What did you buy at the mall?
17 당신은 왜 그 전공을 택했어요? — Why did you choose that major?
18 당신은 왜 늦었어요? — Why were you late?
19 당신은 어젯밤에 파티에 갔었나요? — Were you at the party last night?
20 당신은 그 소식을 듣고 놀랐나요? — Were you surprised to hear the news?

21	저는 상사 옆에 앉아 있었어요.	I was sitting next to my boss.
22	저는 빨래를 하고 있었어요.	I was doing the laundry.
23	저는 쓰레기를 내다 버리고 있었어요.	I was taking out the trash.
24	저는 싱크대 밑에 새는 곳을 고치고 있었어요.	I was fixing a leak under the sink.
25	저는 십대 아이들 무리와 이야기하고 있었어요.	I was talking with a group of teenagers.
26	전화가 울렸을 때 저는 샤워를 하고 있었어요.	I was taking a shower when the phone rang.
27	당신이 전화했을 때 저는 저녁을 먹고 있었어요.	I was having dinner when you called.
28	그는 그 사건을 조사하고 있었어요.	He was investigating the case.
29	그는 파일을 내려받고 있었어요.	He was downloading the files.
30	그가 우리 집에 왔을 때 저는 영화를 보고 있었어요.	I was watching a movie when he came to my house.
31	저는 다른 대안을 고려하고 있지 않았어요.	I was not considering any alternatives.
32	저는 그의 지침을 따르고 있지 않았어요.	I was not following his guidelines.
33	저는 사무실에서 일하고 있지 않았어요.	I was not working at the office.
34	저는 호수를 따라서 달리고 있지 않았어요.	I was not running along the lake.
35	저는 그와 함께 연구를 하고 있지 않았어요.	I was not doing the research with him.
36	당신은 어디에 앉아 있었어요?	Where were you sitting?
37	당신은 무엇을 하고 있었어요?	What were you doing?
38	당신은 왜 거기서 기다리고 있었어요?	Why were you waiting there?
39	당신은 그들을 돕고 있었어요?	Were you helping them?
40	당신은 컴퓨터를 사려는 중이었어요?	Were you trying to buy a computer?

"내가 왕년에는 말이야!"

Where were you sitting?

I was sitting next to my boss.

When did you join our team?

I started working here five years ago.

QR코드로 대표 문장이 담긴 노래를 들으실 수 있습니다.

WEEK 07 미래 시제

미래 시제는 미래에 할 일, 말하는 사람의 의지,
가까운 미래에 계획된 일을 나타낼 때 사용한다.

Unit 31   미래 시제 will

Unit 32   미래 시제 will의 부정문과 의문문

Unit 33   미래 시제 be going to

Unit 34   미래 시제 be going to의 부정문과 의문문

Unit 35   Review

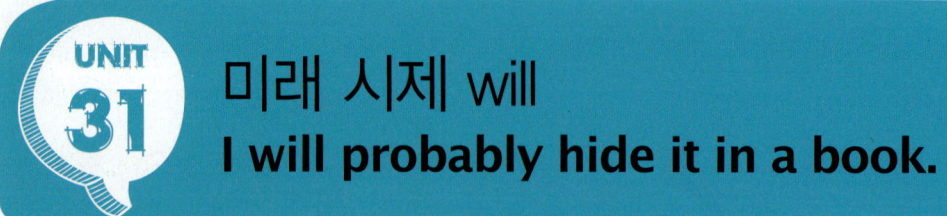

UNIT 31 미래 시제 will
I will probably hide it in a book.

1 미래 시제의 형태

▶ 미래 시제는 will이나 be going to를 사용하여 표현한다.
▶ 「주어 + will + 동사원형 ~.」
▶ 「주어 + be going to + 동사원형 ~.」

2 미래 시제의 쓰임

▶ 미래의 일을 표현한다.   It **will rain** tomorrow. 내일 비가 올 예정이에요.
▶ 말하는 사람의 의지를 표현한다.   I **will pass** the exam. 저는 시험에 합격할 거예요.
▶ 가까운 미래에 계획된 일을 표현한다.   I **am going to meet** him. 저는 그를 만날 예정이에요.

● 미래 시제 will의 쓰임

쓰임	의미	예문
미래의 일 표현	~할 예정이다	It **will rain** tomorrow. 내일 비가 올 예정이에요.
말하는 사람의 의지 표현	~할 것이다, ~하겠다	I **will pass** the exam. 저는 시험에 합격할 거예요.

Tip 미래 시제와 자주 함께 사용되는 부사(구)

tomorrow 내일   tonight 오늘 밤   soon 곧   this weekend 이번 주말   next year 내년

오늘의 표현 10

1	I will probably hide it in a book.	저는 아마 책 속에 그것을 숨길 거예요.
2	I will do anything to win your heart.	저는 당신의 마음을 얻기 위해 무엇이든 할 거예요.
3	I will make the coffee.	제가 커피를 만들게요.
4	I will probably change my itinerary.	저는 아마 제 여행 일정을 바꿀 거예요.
5	I will try to solve this problem.	저는 이 문제를 풀기 위해 애쓸 거예요.
6	He will endure the hardship.	그는 어려움을 참을 거예요.
7	He will make it to the top.	그는 정상에 오를 거예요. (그는 출세할 거예요.)
8	He will join the group for lunch.	그는 그 무리와 점심 식사를 함께할 거예요.
9	Your attendance will be appreciated.	당신이 참석하시면 감사할 거예요.
10	Your input will really help us.	당신의 의견은 정말 우리에게 도움이 될 거예요.

 Target Words

probably 아마   **hide** 숨기다   **anything** 무엇, 아무것
win one's heart ~의 마음을 얻다   **change** 바꾸다, 변경하다   **itinerary** 여행 일정
solve (문제를) 풀다, 해결하다   **endure** 견디다, 참다   **hardship** 고생, 고난, 어려움
make it to the top 정상에 오르다, 출세하다   **attendance** 출석, 참석   **appreciate** 고마워하다, 환영하다

생수다 연습

우리말에 해당하는 영어 표현을 소리 내어 말해 보세요.

저는 아마 책 속에 그것을 숨길 거예요.　👄_____

저는 당신의 마음을 얻기 위해 무엇이든 할 거예요.　_____

제가 커피를 만들게요.　_____

저는 아마 제 여행 일정을 바꿀 거예요.　_____

저는 이 문제를 풀기 위해 애쓸 거예요.　_____

그는 어려움을 참을 거예요.　_____

그는 정상에 오를 거예요. (그는 출세할 거예요.)　_____

그는 그 무리와 점심 식사를 함께할 거예요.　_____

당신이 참석하시면 감사할 거예요.　_____

당신의 의견은 정말 우리에게 도움이 될 거예요.　_____

미래 시제 will을 활용한 명언

Either I will find a way, or I will make one.

내가 길을 찾든지 아니면 길을 만들겠다.

— Philip Sidney

생수다 연습 2

사진을 보고, 문장을 완성하여 말해 보세요.

will probably hide / I / in a book. / it

_____

I / anything / to win your heart. / will do

_____

will make / I / the coffee.

_____

will join / for lunch. / He / the group

_____

will be appreciated. / Your attendance

_____

1. I will probably hide it in a book. 2. I will do anything to win your heart. 3. I will make the coffee. 4. He will join the group for lunch. 5. Your attendance will be appreciated.

미래 시제 will의 부정문과 의문문
I won't tell anyone.

미래 시제 will의 부정문과 의문문의 형태

▶ 부정문: 「주어 + will + not + 동사원형 ~.」

▶ 의문문: 「Will + 주어 + 동사원형 ~?」

● 미래 시제 will의 부정문과 의문문

부정문	의문문
You **will not*** **be** disappointed. 당신은 실망하지 않을 거예요.	**Will** you **come** to my party? 당신은 제 파티에 올 건가요?
He **will not do** that. 그는 그것을 하지 않을 거예요.	**Will** he **accept** this offer? 그가 이 제안을 받아들일까요?
They **will not stay** here. 그들은 여기 머무르지 않을 거예요.	**Will** they **quit** soon? 그들이 곧 그만둘 건가요?

* will not = won't

● 미래 시제 will의 Wh- 의문문과 Yes/No 의문문

Wh- 의문문 & 대답	Q **What will** you **do** this summer? 당신은 이번 여름에 무엇을 하실 건가요? A I will travel to Paris. 저는 파리로 여행을 갈 거예요. Q **When will** you **come** back? 당신은 언제 돌아오실 건가요? A I will come back next month. 저는 다음 달에 돌아올 거예요.
Yes/No 의문문 & 대답	Q **Will** you **accept** that offer? 당신은 저 제안을 받아들이실 건가요? A Yes, I will accept it. 네, 저는 그것을 받아들일 거예요. Q **Will** you **join** the club? 당신은 그 동아리에 가입할 건가요? A No, I will not join it. 아니요, 저는 거기에 가입하지 않을 거예요.

오늘의 표현 10

🎧 32

1	I won't tell anyone.	저는 아무에게도 말하지 않겠어요.
2	I won't forget what you said.	저는 당신이 말한 것을 잊지 않겠어요.
3	I won't be able to help you.	저는 당신을 도울 수 없을 거예요.
4	I won't give up.	저는 포기하지 않을 거예요.
5	I won't leave you alone.	저는 당신을 혼자 내버려 두지 않을 거예요.
6	Will you do that again?	당신은 그것을 다시 하실 건가요?
7	Will you accept this offer?	당신은 이 제안을 받아들일 건가요?
8	Won't you stay with me?	저와 함께 머물지 않으실래요?
9	Won't you come over to my place?	우리 집으로 오지 않으실래요?
10	Won't you make me dinner?	저에게 저녁을 만들어 주지 않으실래요?

📖 Target Words

anyone 누구, 아무
give up 포기하다
accept 받아들이다, 수락하다
come over (to) ~로 가다[오다]

forget 잊다, 잊어버리다
leave someone alone ~을 혼자 내버려 두다
offer 제안, 제의
place 장소, 집

be able to ~할 수 있다
again 다시
stay 머무르다, 묵다
dinner 저녁 식사

생수다 연습

우리말에 해당하는 영어 표현을 소리 내어 말해 보세요.

저는 아무에게도 말하지 않겠어요. _____

저는 당신이 말한 것을 잊지 않겠어요. _____

저는 당신을 도울 수 없을 거예요. _____

저는 포기하지 않을 거예요. _____

저는 당신을 혼자 내버려 두지 않을 거예요. _____

당신은 그것을 다시 하실 건가요? _____

당신은 이 제안을 받아들일 건가요? _____

저와 함께 머물지 않으실래요? _____

우리 집으로 오지 않으실래요? _____

저에게 저녁을 만들어 주지 않으실래요? _____

미래 시제 부정문을 활용한 명언

I will not be discouraged by failure;
I will not be elated by success.

나는 실패로 실망하지 않을 것이고, 성공으로 우쭐하지도 않을 것이다.

— Joseph Barber Lightfoot

생수다 연습 2

사진을 보고, 주어진 단어와 어구를 사용하여 우리말에 알맞은 영어 문장을 말해 보세요.

1

저는 아무에게도 말하지 않겠어요.

tell

___

2

저는 포기하지 않을 거예요.

give up

___

3

저는 당신을 혼자 내버려 두지 않을 거예요.

leave

___

4

당신은 그것을 다시 하실 건가요?

do that, again

___

5

우리 집으로 오지 않으실래요?

come over, my place

___

1. I won't tell anyone. 2. I won't give up. 3. I won't leave you alone. 4. Will you do that again? 5. Won't you come over to my place?

Unit 32

UNIT 33 미래 시제 be going to
I am going to explain it.

1 미래 시제 be going to의 형태

▶ 형태: 「주어 + **be going to** + 동사원형 ~.」

2 미래 시제 be going to의 쓰임

▶ 가까운 미래의 일을 표현한다.

I **am going to look** for a new place to move to.
저는 이사 갈 새집을 찾을 거예요.

▶ 이미 계획된 미래의 일을 표현한다.

I **am going to visit** my cousin this summer.
저는 이번 여름에 제 사촌을 방문할 예정이에요.

● 미래 시제 be going to의 쓰임

쓰임	예문
가까운 미래의 일 표현	He **is going to visit** them tomorrow. 그는 내일 그들을 방문할 거예요. I **am going to buy** a new laptop. 저는 새 노트북을 살 거예요.
이미 계획된 미래의 일 표현	I **am going to paint** my room tomorrow. 저는 내일 제 방을 페인트칠 할 예정이에요. I **am going to have** a housewarming party. 저는 집들이를 할 예정이에요.

오늘의 표현 10

🎧 33

1	I am going to explain it.	제가 그것을 설명할게요.
2	I am going to buy a new laptop.	저는 새 노트북을 살 거예요.
3	I am going to have a housewarming party.	저는 집들이를 할 예정이에요.
4	I am going to choose new furniture.	저는 새 가구를 고를 거예요.
5	I am going to plan the weekend retreat.	저는 주말 야유회 계획을 짤 거예요.
6	He is going to invest in stocks.	그는 주식에 투자할 거예요.
7	He is going to join a different fitness club.	그는 다른 헬스클럽에 가입할 거예요.
8	He is going to solve the problem.	그는 그 문제를 풀 거예요.
9	It is going to be a long day.	긴 하루가 될 거예요.
10	It is going to snow a lot this winter.	올겨울에는 눈이 많이 올 거예요.

📖 Target Words

explain 설명하다
housewarming party 집들이
plan 계획하다, 계획을 짜다
stock 주식

buy 사다, 구입하다
choose 고르다, 선택하다
retreat 도피, 수행, 칩거, 야유회
fitness 신체 단련, 건강

laptop 노트북
furniture 가구
invest 투자하다
a long day 긴 하루, 힘든 날

Unit 33

생수다 연습

우리말에 해당하는 영어 표현을 소리 내어 말해 보세요.

제가 그것을 설명할게요.	👄 _____

저는 새 노트북을 살 거예요.	_____

저는 집들이를 할 예정이에요.	_____

저는 새 가구를 고를 거예요.	_____

저는 주말 야유회 계획을 짤 거예요.	_____

그는 주식에 투자할 거예요.	_____

그는 다른 헬스클럽에 가입할 거예요.	_____

그는 그 문제를 풀 거예요.	_____

긴 하루가 될 거예요.	_____

올겨울에는 눈이 많이 올 거예요.	_____

미래 시제 be going to를 활용한 명언

I am going everywhere,
and I am going to listen to everybody.

나는 어디든 가서 모든 사람들에게 귀를 기울이겠다.

– Jay Inslee

생수다 연습 2

사진을 보고, 문장을 완성하여 말해 보세요.

I / it. / am going to explain

a new laptop. / am going to buy / I

new furniture. / am going to choose / I

He / in stocks. / is going to invest

is going to snow / It / a lot / this winter.

1. I am going to explain it. 2. I am going to buy a new laptop. 3. I am going to choose new furniture. 4. He is going to invest in stocks. 5. It is going to snow a lot this winter.

UNIT 34
미래 시제 be going to의 부정문과 의문문
What are you going to do?

미래 시제 be going to의 부정문과 의문문의 형태

▶ 부정문: 「주어 + be동사 + not + going to + 동사원형 ~.」
He **is not going to ride** his bike today. 그는 오늘 자전거를 타지 않을 거예요.

▶ 의문문: 「Be동사 + 주어 + going to + 동사원형 ~?」
Are you **going to apply** for that? 당신은 저것에 지원할 예정인가요?

● 미래 시제 be going to의 부정문과 의문문

부정문	의문문
You **are not going to need** it. 당신은 그것이 필요하지 않을 거예요.	**Are** you **going to sleep** soon? 당신은 곧 잘 건가요?
She **is not going to make** it. 그녀는 성공할 수 없을 거예요.	**Is** she **going to quit** this Friday? 그녀는 이번 주 금요일에 그만 둘 예정인가요?
They **are not going to play** soccer today. 그들은 오늘 축구를 하지 않을 거예요.	**Are** they **going to travel** to Europe? 그들은 유럽으로 여행 갈 예정인가요?

● 미래 시제 be going to의 Wh- 의문문과 Yes/No 의문문

Wh- 의문문 & 대답	Q **What are** you **going to wear?** 당신은 무엇을 입을 건가요?
	A I am going to wear a suit. 저는 양복을 입을 거예요.
	Q **When are** you **going to leave?** 당신은 언제 떠나실 건가요?
	A I am going to leave tomorrow. 저는 내일 떠날 거예요.
Yes/No 의문문 & 대답	Q **Are** you **going to accept** that offer? 당신은 저 제안을 받아들이실 건가요?
	A Yes, I am going to accept it. 네, 저는 그것을 받아들일 예정이에요.
	Q **Are** you **going to attend** the conference? 당신은 회의에 참석할 예정인가요?
	A No, I am not going to attend it. 아니요, 저는 거기에 참석하지 않을 예정이에요.

오늘의 표현 10

🎧 34

1	It is not going to rain tomorrow.	내일은 비가 오지 않을 거예요.
2	It is not going to last that long.	그것은 그렇게 오래 지속되지 않을 거예요.
3	It is not going to get any better.	그것은 더 좋아지지 않을 거예요.
4	It is not going to be a problem.	그것은 문제가 되지 않을 거예요.
5	It is not going to come up again.	그것은 다시 발생하지 않을 거예요.
6	What are you going to do?	당신은 무엇을 하실 건가요?
7	When are you going to leave?	당신은 언제 떠나실 건가요?
8	Where are you going to stay?	당신은 어디에서 묵으실 건가요?
9	Are you going to attend the meeting?	당신은 회의에 참석하실 건가요?
10	Are you going to buy that house?	당신은 저 집을 사실 건가요?

📓 Target Words

rain 비, 비가 내리다
long 길게, 오래
come up 생기다, 발생하다
stay 머무르다, 묵다
tomorrow 내일
get better 더 좋아지다, 호전되다
again 다시, 또
attend 참석하다
last 지속하다, 계속하다
problem 문제
leave 떠나다, 출발하다
meeting 회의

Unit 34

생수다 연습

우리말에 해당하는 영어 표현을 소리 내어 말해 보세요.

내일은 비가 오지 않을 거예요.

그것은 그렇게 오래 지속되지 않을 거예요.

그것은 더 좋아지지 않을 거예요.

그것은 문제가 되지 않을 거예요.

그것은 다시 발생하지 않을 거예요.

당신은 무엇을 하실 건가요?

당신은 언제 떠나실 건가요?

당신은 어디에서 묵으실 건가요?

당신은 회의에 참석하실 건가요?

당신은 저 집을 사실 건가요?

미래 시제 be going to 부정문을 활용한 명언

I am not going to die, I'm going home like a shooting star.
나는 죽지 않을 것이다. 별똥별처럼 고향으로 돌아갈 것이다.
- Sojourner Truth

생수다 연습 2

사진을 보고, 주어진 단어와 어구를 사용하여 우리말에 알맞은 영어 문장을 말해 보세요.

1

내일은 비가 오지 않을 거예요.

not, rain

2

그것은 그렇게 오래 지속되지 않을 거예요.

last, that long

3

그것은 문제가 되지 않을 거예요.

problem

4

당신은 언제 떠나실 건가요?

going to, leave

5

당신은 저 집을 사실 건가요?

going to, buy

1. It is not going to rain tomorrow. 2. It is not going to last that long. 3. It is not going to be a problem. 4. When are you going to leave? 5. Are you going to buy that house?

Unit 34 159

UNIT 35 Review

우리말을 영어로 소리 내어 말해 보고, 말할 때마다 ■에 √표 해 보세요.

1~20번은 will을 이용하세요.

1 저는 아마 책 속에 그것을 숨길 거예요.

2 저는 당신의 마음을 얻기 위해 무엇이든 할 거예요.

3 제가 커피를 만들게요.

4 저는 아마 제 여행 일정을 바꿀 거예요.

5 저는 이 문제를 풀기 위해 애쓸 거예요.

6 그는 어려움을 참을 거예요.

7 그는 정상에 오를 거예요. (그는 출세할 거예요.)

8 그는 그 무리와 점심 식사를 함께할 거예요.

9 당신이 참석하시면 감사할 거예요.

10 당신의 의견은 정말 우리에게 도움이 될 거예요.

11 저는 아무에게도 말하지 않겠어요.

12 저는 당신이 말한 것을 잊지 않겠어요.

13 저는 당신을 도울 수 없을 거예요.

14 저는 포기하지 않을 거예요.

15 저는 당신을 혼자 내버려 두지 않을 거예요.

16 당신은 그것을 다시 하실 건가요?

17 당신은 이 제안을 받아들일 건가요?

18 저와 함께 머물지 않으실래요?

19 우리 집으로 오지 않으실래요?

20 저에게 저녁을 만들어 주지 않으실래요?

21~40번은 be going to를 이용하세요.

21 제가 그것을 설명할게요.

22 저는 새 노트북을 살 거예요.

23 저는 집들이를 할 예정이에요.

24 저는 새 가구를 고를 거예요.

25 저는 주말 야유회 계획을 짤 거예요.

26 그는 주식에 투자할 거예요.

27 그는 다른 헬스클럽에 가입할 거예요.

28 그는 그 문제를 풀 거예요.

29 긴 하루가 될 거예요.

30 올겨울에는 눈이 많이 올 거예요.

31 내일은 비가 오지 않을 거예요.

32 그것은 그렇게 오래 지속되지 않을 거예요.

33 그것은 더 좋아지지 않을 거예요.

34 그것은 문제가 되지 않을 거예요.

35 그것은 다시 발생하지 않을 거예요.

36 당신은 무엇을 하실 건가요?

37 당신은 언제 떠나실 건가요?

38 당신은 어디에서 묵으실 건가요?

39 당신은 회의에 참석하실 건가요?

40 당신은 저 집을 사실 건가요?

Unit 35

UNIT 35 Review

앞에서 말한 영어 문장을 확인해 보세요.

> 1~20번은 will을 이용하세요.

1 저는 아마 책 속에 그것을 숨길 거예요.   I will probably hide it in a book.
2 저는 당신의 마음을 얻기 위해 무엇이든 할 거예요.   I will do anything to win your heart.
3 제가 커피를 만들게요.   I will make the coffee.
4 저는 아마 제 여행 일정을 바꿀 거예요.   I will probably change my itinerary.
5 저는 이 문제를 풀기 위해 애쓸 거예요.   I will try to solve this problem.
6 그는 어려움을 참을 거예요.   He will endure the hardship.
7 그는 정상에 오를 거예요. (그는 출세할 거예요.)   He will make it to the top.
8 그는 그 무리와 점심 식사를 함께할 거예요.   He will join the group for lunch.
9 당신이 참석하시면 감사할 거예요.   Your attendance will be appreciated.
10 당신의 의견은 정말 우리에게 도움이 될 거예요.   Your input will really help us.
11 저는 아무에게도 말하지 않겠어요.   I won't tell anyone.
12 저는 당신이 말한 것을 잊지 않겠어요.   I won't forget what you said.
13 저는 당신을 도울 수 없을 거예요.   I won't be able to help you.
14 저는 포기하지 않을 거예요.   I won't give up.
15 저는 당신을 혼자 내버려 두지 않을 거예요.   I won't leave you alone.
16 당신은 그것을 다시 하실 건가요?   Will you do that again?
17 당신은 이 제안을 받아들일 건가요?   Will you accept this offer?
18 저와 함께 머물지 않으실래요?   Won't you stay with me?
19 우리 집으로 오지 않으실래요?   Won't you come over to my place?
20 저에게 저녁을 만들어 주지 않으실래요?   Won't you make me dinner?

> 21~40번은 be going to를 이용하세요.

21	제가 그것을 설명할게요.	I am going to explain it.
22	저는 새 노트북을 살 거예요.	I am going to buy a new laptop.
23	저는 집들이를 할 예정이에요.	I am going to have a housewarming party.
24	저는 새 가구를 고를 거예요.	I am going to choose new furniture.
25	저는 주말 야유회 계획을 짤 거예요.	I am going to plan the weekend retreat.
26	그는 주식에 투자할 거예요.	He is going to invest in stocks.
27	그는 다른 헬스클럽에 가입할 거예요.	He is going to join a different fitness club.
28	그는 그 문제를 풀 거예요.	He is going to solve the problem.
29	긴 하루가 될 거예요.	It is going to be a long day.
30	올겨울에는 눈이 많이 올 거예요.	It is going to snow a lot this winter.
31	내일은 비가 오지 않을 거예요.	It is not going to rain tomorrow.
32	그것은 그렇게 오래 지속되지 않을 거예요.	It is not going to last that long.
33	그것은 더 좋아지지 않을 거예요.	It is not going to get any better.
34	그것은 문제가 되지 않을 거예요.	It is not going to be a problem.
35	그것은 다시 발생하지 않을 거예요.	It is not going to come up again.
36	당신은 무엇을 하실 건가요?	What are you going to do?
37	당신은 언제 떠나실 건가요?	When are you going to leave?
38	당신은 어디에서 묵으실 건가요?	Where are you going to stay?
39	당신은 회의에 참석하실 건가요?	Are you going to attend the meeting?
40	당신은 저 집을 사실 건가요?	Are you going to buy that house?

"비상금을 들켰을 때"

I won't tell anyone.

I will probably hide it in a book.

What are you going to do?

I am going to explain it.

QR코드로 대표 문장이 담긴 노래를 들으실 수 있습니다.

WEEK 08 현재완료 시제

현재완료 시제는 과거부터 현재까지의 경험이나 계속되는 일, 과거에 시작된 일이 막 완료되었거나 과거 일의 영향으로 그 결과가 지금 나타날 때 사용한다.

Unit 36 현재완료 시제의 경험적 용법

Unit 37 현재완료 시제 경험적 용법의 부정문과 의문문

Unit 38 현재완료 시제의 계속적 용법

Unit 39 현재완료 시제 계속적 용법의 부정문과 의문문

Unit 40 Review

UNIT 36 현재완료 시제의 경험적 용법
I have been to Paris.

1 현재완료 시제의 형태

「주어 + have/has + 과거분사 ~.」

2 현재완료 시제의 용법

▶ 경험: 과거에서 현재까지의 경험을 표현한다.

I **have been** to New York. 저는 뉴욕에 가 본 적이 있어요.

▶ 계속: 과거의 한 시점에서부터 현재까지 계속되는 일이나 상황을 표현한다.

She **has lived** here for five years. 그녀는 5년 동안 이곳에서 살고 있어요.

▶ 완료: 과거에 시작된 일이 현재 완료되었음을 표현한다.

He **has just finished** his work. 그는 그의 일을 막 끝냈어요.

▶ 결과: 과거에 일어난 일이 현재까지 영향을 주어 그 결과가 지금 나타난 것을 표현한다.

I **have lost** my umbrella. 저는 우산을 잃어버렸어요. (그래서 저는 지금 우산이 없어요.)

◆ 현재완료 시제 경험적 용법의 형태와 예문

형태	예문
「have/has been to + 장소」 ~에 가 본 적이 있다	I **have been** to London twice. 저는 런던에 두 번 가 본 적이 있어요.
have/has experienced ~을 경험해/겪어 본 적이 있다	She **has experienced** an earthquake once. 그녀는 지진을 한 번 겪은 적이 있어요.
have/has seen ~을 본 적이 있다	I **have seen** the movie before. 저는 그 영화를 이전에 본 적이 있어요.

Tip 현재완료 시제의 경험적 용법과 자주 쓰이는 부사(구)

ever 지금까지, 언젠가　**once** 한 번　**twice** 두 번　**three times** 세 번

before 전에, 이전에　**never** 결코/한 번도 ~한 적 없는

 생생한 영어 수다

오늘의 표현 10

🎧 36

1	I have been to Paris.	저는 파리에 가 본 적이 있어요.
2	I have been to Sea World.	저는 씨월드에 가 본 적이 있어요.
3	I have been to Iceland.	저는 아이슬란드에 가 본 적이 있어요.
4	I have been to the Van Gogh Museum.	저는 반 고흐 미술관에 가 본 적이 있어요.
5	I have been to the new movie theater.	저는 새 영화관에 가 본 적이 있어요.
6	I have experienced an earthquake.	저는 지진을 겪은 적이 있어요.
7	I have experienced a lot in my life.	저는 제 삶에서 많은 것을 겪었어요.
8	I have experienced a broken heart.	저는 실연을 겪은 적이 있어요.
9	I have seen that movie twice.	저는 그 영화를 두 번 본 적이 있어요.
10	I have seen a tornado.	저는 토네이도를 본 적이 있어요.

📓 Target Words

been ~이다, (~에) 가 보다 (be의 과거분사)
movie theater 영화관
a lot 많이, 많게
twice 두 번
Iceland 아이슬란드
experience ~을 겪다, 경험하다
life 삶, 인생
seen 보았다 (see의 과거분사)
museum 박물관, 미술관
earthquake 지진
broken heart 실연, 상심한 마음
tornado 토네이도, 회오리 바람

Unit 36

생수다 연습

우리말에 해당하는 영어 표현을 소리 내어 말해 보세요.

저는 파리에 가 본 적이 있어요.

저는 씨월드에 가 본 적이 있어요.

저는 아이슬란드에 가 본 적이 있어요.

저는 반 고흐 미술관에 가 본 적이 있어요.

저는 새 영화관에 가 본 적이 있어요.

저는 지진을 겪은 적이 있어요.

저는 제 삶에서 많은 것을 겪었어요.

저는 실연을 겪은 적이 있어요.

저는 그 영화를 두 번 본 적이 있어요.

저는 토네이도를 본 적이 있어요.

현재완료 시제 경험적 용법을 활용한 명언

Everything I have experienced in my life helps form who I am today.

내 인생에서 겪은 모든 것이 지금의 나를 만드는 데 도움이 되었다.

- Dalia Mogahed

생수다 연습 2

사진을 보고, 문장을 완성하여 말해 보세요.

1

have been to / I / Paris.

2

I / Sea World. / have been to

3

have been to / I / Iceland.

4

have experienced / I / an earthquake.

5

have seen / a tornado. / I

1. I have been to Paris. 2. I have been to Sea World. 3. I have been to Iceland. 4. I have experienced an earthquake. 5. I have seen a tornado.

UNIT 37 현재완료 시제 경험적 용법의 부정문과 의문문
I have never cooked for anyone else.

현재완료 시제의 부정문과 의문문의 형태

▶ 부정문: 「주어 + have/has + not/never + 과거분사 ~.」
  I **have not seen** the movie. 저는 그 영화를 본 적이 없어요.

▶ 의문문: 「Have/Has + 주어 + 과거분사 ~?」
  Have you **heard** about it? 당신은 그것에 대해 들어 본 적이 있나요?

● 현재완료 시제 경험적 용법의 부정문과 의문문

부정문	의문문
I **have never been** to New York. 저는 뉴욕에 가 본 적이 없어요.	**Have** you **been** to Paris? 당신은 파리에 가 본 적이 있나요?
He **has never seen** his biological mother. 그는 자신의 생모를 본 적이 없어요.	**Has** he **seen** his biological mother? 그는 자신의 생모를 본 적이 있나요?

● 현재완료 시제 경험적 용법의 Wh- 의문문과 Yes/No 의문문

Wh- 의문문 & 대답	Q **How many times have** you **seen** the show? 당신은 그 쇼를 본 적이 몇 번 있나요? A I **have seen** it twice. 저는 그것을 두 번 보았어요.
Yes/No 의문문 & 대답	Q **Have** you **been** to Italy? 당신은 이탈리아에 가 본 적이 있나요? A Yes, I have been to Italy. 네, 저는 이탈리아에 가 본 적이 있어요. Q **Have** you **seen** the movie? 당신은 그 영화를 본 적이 있나요? A No, I have never seen the movie. 아니요. 저는 그 영화를 본 적이 없어요.

오늘의 표현 10

🎧 37

1	I have never cooked for anyone else.	저는 다른 누군가를 위해 요리해 본 적이 없어요.
2	I have never met him before.	저는 그를 전에 만난 적이 없어요.
3	I have never seen a rainbow.	저는 무지개를 본 적이 없어요.
4	I have never imagined going there.	저는 그곳에 가는 것을 상상해 본 적이 없어요.
5	I have never heard that song.	저는 저 노래를 들어 본 적이 없어요.
6	How many times have you been to the amusement park?	당신은 그 놀이공원에 가 본 적이 몇 번 있나요?
7	How many times have you seen the show?	당신은 그 쇼를 본 적이 몇 번 있나요?
8	How many times have you met them?	당신은 그들을 만난 적이 몇 번 있나요?
9	Have you been to London?	당신은 런던에 가 본 적이 있나요?
10	Have you been to Sydney?	당신은 시드니에 가 본 적이 있나요?

Target Words

cook 요리하다
met 만났다 (meet의 과거·과거분사)
imagine 상상하다
how many times 몇 번

anyone 누구, 아무
before 전에, 예전에
heard 들었다 (hear의 과거·과거분사)
seen 보았다 (see의 과거분사)

else 또 다른, 그 밖의
rainbow 무지개
amusement park 놀이공원
show 쇼

생수다 연습

우리말에 해당하는 영어 표현을 소리 내어 말해 보세요.

저는 다른 누군가를 위해 요리해 본 적이 없어요.

저는 그를 전에 만난 적이 없어요.

저는 무지개를 본 적이 없어요.

저는 그곳에 가는 것을 상상해 본 적이 없어요.

저는 저 노래를 들어 본 적이 없어요.

당신은 그 놀이공원에 가 본 적이 몇 번 있나요?

당신은 그 쇼를 본 적이 몇 번 있나요?

당신은 그들을 만난 적이 몇 번 있나요?

당신은 런던에 가 본 적이 있나요?

당신은 시드니에 가 본 적이 있나요?

현재완료 시제 경험적 용법의 부정문을 활용한 명언

I have never failed. I've only shown the way I did it before doesn't work.

나는 결코 실패를 해 본 적이 없고, 내가 한 방법이 옳지 않다는 것을 보여주었을 뿐이다.

– Thomas Edison

생수다 연습 2

사진을 보고, 주어진 단어와 어구를 사용하여 우리말에 알맞은 영어 문장을 말해 보세요.

1

저는 다른 누군가를 위해 요리해 본 적이 없어요.
never, cooked, anyone else

2

저는 그를 전에 만난 적이 없어요.
met, before

3

저는 저 노래를 들어 본 적이 없어요.
heard, that song

4

당신은 그 놀이공원에 가 본 적이 몇 번 있나요?
How many times

5

당신은 런던에 가 본 적이 있나요?
been to

1. I have never cooked for anyone else. 2. I have never met him before. 3. I have never heard that song. 4. How many times have you been to the amusement park? 5. Have you been to London?

Unit 37

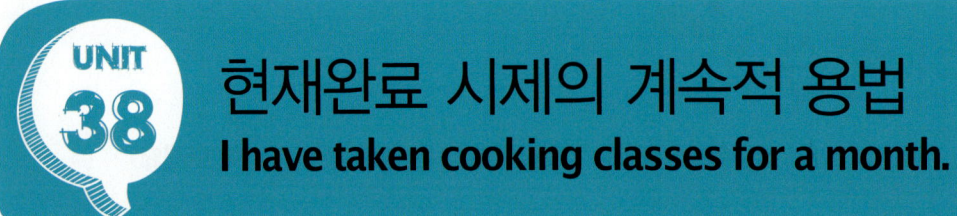

UNIT 38 현재완료 시제의 계속적 용법
I have taken cooking classes for a month.

현재완료 시제의 계속적 용법

▶ 과거의 한 시점에서부터 현재까지 계속되는 일이나 상황을 표현한다.

They **have been married** for 10 years. 그들은 결혼한 지 10년이 되었어요.

● 현재완료 시제 계속적 용법의 형태와 예문

형태	예문
「have/has + 과거분사 + for + 지속 기간」 ~동안 (계속) …해 오다/하다	I **have been** sick **for a week**. 저는 일주일 동안 (계속) 아파 왔어요.
「have/has + 과거분사 + since + 시작 시점」 ~이래로/부터 (계속) …해 오다/하다	I **have known** her **since college**. 저는 대학교 때부터 그녀를 알아 왔어요.
「have/has + 과거분사 + since + 주어 + 동사의 과거형」 ~이래로/부터 (계속) …해 오다/하다	It **has been** a while **since I moved** here. 저는 여기로 이사 온 지 꽤 되었어요.

오늘의 표현 10

1	I have taken cooking classes for a month.	저는 한 달 동안 요리 수업을 듣고 있어요.
2	I have lived here for five years.	저는 5년 동안 여기서 살고 있어요.
3	I have worked in this firm for three years.	저는 3년 동안 이 회사에서 일하고 있어요.
4	I have been a police officer for ten years.	저는 10년 동안 경찰로 재직 중이에요.
5	I have known her since college.	저는 대학교 때부터 그녀를 알아 왔어요.
6	He has worked in this field for many years.	그는 이 분야에서 오랫동안 일하고 있어요.
7	He has worked on this project for two months.	그는 이 프로젝트에서 두 달 동안 일하고 있어요.
8	He has been sick for a week.	그는 일주일 동안 (계속) 아파요.
9	It has been a while since I moved here.	저는 여기로 이사 온 지 꽤 되었어요.
10	It has been a while since I heard from him.	제가 그에게서 소식을 들은 지 꽤 되었어요.

Target Words

taken 들었다, 수강했다 (take의 과거분사)
firm 회사
known 알았다 (know의 과거분사)
for many years 여러 해 동안, 오랫동안

cooking class 요리 수업
year 년
college 대학교
work on ~에서 일하다

month 달, 월
police officer 경찰(관)
field 분야
a while 꽤, 얼마간, 한참

Unit 38

생수다 연습

우리말에 해당하는 영어 표현을 소리 내어 말해 보세요.

저는 한 달 동안 요리 수업을 듣고 있어요. _____

저는 5년 동안 여기서 살고 있어요. _____

저는 3년 동안 이 회사에서 일하고 있어요. _____

저는 10년 동안 경찰로 재직 중이에요. _____

저는 대학교 때부터 그녀를 알아 왔어요. _____

그는 이 분야에서 오랫동안 일하고 있어요. _____

그는 이 프로젝트에서 두 달 동안 일하고 있어요. _____

그는 일주일 동안 (계속) 아파요. _____

저는 여기로 이사 온 지 꽤 되었어요. _____

제가 그에게서 소식을 들은 지 꽤 되었어요. _____

현재완료 시제의 계속적 용법을 활용한 명언

I'm deeply ambitious and I always have been.

나는 포부가 대단히 큰데 항상 그래 왔다.

— Hayley Atwell

생수다 연습 2

사진을 보고, 문장을 완성하여 말해 보세요.

1 I / cooking classes / have taken / for a month.

2 for ten years. / have been / I / a police officer

3 her / have known / I / since college.

4 He / for a week. / sick / has been

5 It / a while / has been / since I moved here.

1. I have taken cooking classes for a month. 2. I have been a police officer for ten years. 3. I have known her since college. 4. He has been sick for a week. 5. It has been a while since I moved here.

UNIT 39

현재완료 시제 계속적 용법의 부정문과 의문문
How long have you taken it?

현재완료 시제의 부정문과 의문문의 형태

▶ 부정문: 「주어 + have/has + not + 과거분사 ~.」
　I **have not had** a haircut for a year. 저는 일 년 동안 머리카락을 자르지 않고 있어요.

▶ 의문문: 「Have/Has + 주어 + 과거분사 ~?」
　Has he **been** sick since yesterday? 그는 어제부터 계속 아픈가요?

● 현재완료 계속적 용법의 부정문과 의문문

부정문	의문문
I **have not*** **heard** from her for several weeks. 저는 몇 주 동안 그녀로부터 소식을 듣지 못했어요.	**Have** you **lived** here for a long time? 당신은 여기 산 지 오래되었나요?
He **has not*** **worked out** for a year. 그는 일 년 동안 운동을 안하고 있어요.	**How long have** you **been** married? 당신은 결혼하신지 얼마나 되었나요?

*have not = haven't　　has not = hasn't

● 현재완료 시제 계속적 용법의 Wh- 의문문과 Yes/No 의문문

Wh- 의문문 & 대답	Q **How long have** you **lived** here? 당신은 이곳에서 산 지 얼마나 되었나요? A I have lived here for three years. 저는 3년 동안 이곳에서 살고 있어요.
Yes/No 의문문 & 대답	Q **Have** you **played** tennis for a long time? 당신은 테니스를 친 지 오래되었나요? A Yes, I have played tennis for three years. 네, 저는 3년째 테니스를 치고 있어요. Q **Have** you **worked out** for a long time? 당신은 운동을 한 지 오래되었나요? A No, I have not worked out for a year. 아니요, 저는 일 년 동안 운동을 안하고 있어요.

오늘의 표현 10

 39

1	I haven't lived here for a long time.	저는 이곳에서 오래 살지 않았어요.
2	I haven't worked in this field for a long time.	저는 이 분야에서 오래 일하지 않았어요.
3	I haven't heard from her for several weeks.	저는 몇 주 동안 그녀로부터 소식을 듣지 못했어요.
4	I haven't played tennis for a long time.	저는 오랫동안 테니스를 치지 않았어요.
5	I haven't worked out for a year.	저는 일 년 동안 운동을 안하고 있어요.
6	How long have you had a cold?	당신은 감기에 걸린 지 얼마나 되었나요?
7	How long have you had that phone?	당신은 저 전화기를 쓴 지 얼마나 되었나요?
8	How long have you worked as a captain?	당신은 주장으로 활동한 지 얼마나 되었나요?
9	Have you lived here for a long time?	당신은 여기 산 지 오래되었나요?
10	Have you run your business for a long time?	당신은 사업을 한 지 오래되었나요?

Target Words

for a long time 오랫동안
several 몇몇의, 대여섯의
how long 얼마나 오래
as (자격) ~로서

field 분야
week 주, 일주일
have a cold 감기에 걸리다
captain 주장, 우두머리

hear from ~로부터 소식을 듣다
work out 운동하다
phone 전화기, 전화
run a business 사업을 하다

생수다 연습

우리말에 해당하는 영어 표현을 소리 내어 말해 보세요.

저는 이곳에서 오래 살지 않았어요.

저는 이 분야에서 오래 일하지 않았어요.

저는 몇 주 동안 그녀로부터 소식을 듣지 못했어요.

저는 오랫동안 테니스를 치지 않았어요.

저는 일 년 동안 운동을 안하고 있어요.

당신은 감기에 걸린 지 얼마나 되었나요?

당신은 저 전화기를 쓴 지 얼마나 되었나요?

당신은 주장으로 활동한 지 얼마나 되었나요?

당신은 여기 산 지 오래되었나요?

당신은 사업을 한 지 오래되었나요?

현재완료 시제 계속적 용법의 부정문을 활용한 명언

I haven't thought about the critics for a long time.

나는 한동안 비평가들을 신경쓰지 않았다.

– Dario Argento

생수다 연습 2

사진을 보고, 주어진 단어와 어구를 사용하여 우리말에 알맞은 영어 문장을 말해 보세요.

1

저는 몇 주 동안 그녀로부터 소식을 듣지 못했어요.

haven't heard from

2

저는 오랫동안 테니스를 치지 않았어요.

tennis

3

저는 일 년 동안 운동을 안하고 있어요.

worked out

4

당신은 감기에 걸린 지 얼마나 되었나요?

How long, a cold

5

당신은 사업을 한 지 오래되었나요?

run your buiness

1. I haven't heard from her for several weeks. 2. I haven't played tennis for a long time. 3. I haven't worked out for a year. 4. How long have you had a cold? 5. Have you run your business for a long time?

Unit 39

UNIT 40 Review

우리말을 영어로 소리 내어 말해 보고, 말할 때마다 ■에 √표 해 보세요.

	1회	2회	3회

1 저는 파리에 가 본 적이 있어요.

2 저는 씨월드에 가 본 적이 있어요.

3 저는 아이슬란드에 가 본 적이 있어요.

4 저는 반 고흐 미술관에 가 본 적이 있어요.

5 저는 새 영화관에 가 본 적이 있어요.

6 저는 지진을 겪은 적이 있어요.

7 저는 제 삶에서 많은 것을 겪었어요.

8 저는 실연을 겪은 적이 있어요.

9 저는 그 영화를 두 번 본 적이 있어요.

10 저는 토네이도를 본 적이 있어요.

11 저는 다른 누군가를 위해 요리해 본 적이 없어요.

12 저는 그를 전에 만난 적이 없어요.

13 저는 무지개를 본 적이 없어요.

14 저는 그곳에 가는 것을 상상해 본 적이 없어요.

15 저는 저 노래를 들어 본 적이 없어요.

16 당신은 그 놀이공원에 가 본 적이 몇 번 있나요?

17 당신은 그 쇼를 본 적이 몇 번 있나요?

18 당신은 그들을 만난 적이 몇 번 있나요?

19 당신은 런던에 가 본 적이 있나요?

20 당신은 시드니에 가 본 적이 있나요?

		1회	2회	3회
21	저는 한 달 동안 요리 수업을 듣고 있어요.	■	■	■
22	저는 5년 동안 여기서 살고 있어요.	■	■	■
23	저는 3년 동안 이 회사에서 일하고 있어요.	■	■	■
24	저는 10년 동안 경찰로 재직 중이에요.	■	■	■
25	저는 대학교 때부터 그녀를 알아 왔어요.	■	■	■
26	그는 이 분야에서 오랫동안 일하고 있어요.	■	■	■
27	그는 이 프로젝트에서 두 달 동안 일하고 있어요.	■	■	■
28	그는 일주일 동안 (계속) 아파요.	■	■	■
29	저는 여기로 이사 온 지 꽤 되었어요.	■	■	■
30	제가 그에게서 소식을 들은 지 꽤 되었어요.	■	■	■
31	저는 이곳에서 오래 살지 않았어요.	■	■	■
32	저는 이 분야에서 오래 일하지 않았어요.	■	■	■
33	저는 몇 주 동안 그녀로부터 소식을 듣지 못했어요.	■	■	■
34	저는 오랫동안 테니스를 치지 않았어요.	■	■	■
35	저는 일 년 동안 운동을 안하고 있어요.	■	■	■
36	당신은 감기에 걸린 지 얼마나 되었나요?	■	■	■
37	당신은 저 전화기를 쓴 지 얼마나 되었나요?	■	■	■
38	당신은 주장으로 활동한 지 얼마나 되었나요?	■	■	■
39	당신은 여기 산 지 오래되었나요?	■	■	■
40	당신은 사업을 한 지 오래되었나요?	■	■	■

Review

앞에서 말한 영어 문장을 확인해 보세요.

1	저는 파리에 가 본 적이 있어요.	I have been to Paris.
2	저는 씨월드에 가 본 적이 있어요.	I have been to Sea World.
3	저는 아이슬란드에 가 본 적이 있어요.	I have been to Iceland.
4	저는 반 고흐 미술관에 가 본 적이 있어요.	I have been to the Van Gogh Museum.
5	저는 새 영화관에 가 본 적이 있어요.	I have been to the new movie theater.
6	저는 지진을 겪은 적이 있어요.	I have experienced an earthquake.
7	저는 제 삶에서 많은 것을 겪었어요.	I have experienced a lot in my life.
8	저는 실연을 겪은 적이 있어요.	I have experienced a broken heart.
9	저는 그 영화를 두 번 본 적이 있어요.	I have seen that movie twice.
10	저는 토네이도를 본 적이 있어요.	I have seen a tornado.
11	저는 다른 누군가를 위해 요리해 본 적이 없어요.	I have never cooked for anyone else.
12	저는 그를 전에 만난 적이 없어요.	I have never met him before.
13	저는 무지개를 본 적이 없어요.	I have never seen a rainbow.
14	저는 그곳에 가는 것을 상상해 본 적이 없어요.	I have never imagined going there.
15	저는 저 노래를 들어 본 적이 없어요.	I have never heard that song.
16	당신은 그 놀이공원에 가 본 적이 몇 번 있나요?	How many times have you been to the amusement park?
17	당신은 그 쇼를 본 적이 몇 번 있나요?	How many times have you seen the show?
18	당신은 그들을 만난 적이 몇 번 있나요?	How many times have you met them?
19	당신은 런던에 가 본 적이 있나요?	Have you been to London?
20	당신은 시드니에 가 본 적이 있나요?	Have you been to Sydney?

21 저는 한 달 동안 요리 수업을 듣고 있어요.   I have taken cooking classes for a month.

22 저는 5년 동안 여기서 살고 있어요.   I have lived here for five years.

23 저는 3년 동안 이 회사에서 일하고 있어요.   I have worked in this firm for three years.

24 저는 10년 동안 경찰로 재직 중이에요.   I have been a police officer for ten years.

25 저는 대학교 때부터 그녀를 알아 왔어요.   I have known her since college.

26 그는 이 분야에서 오랫동안 일하고 있어요.   He has worked in this field for many years.

27 그는 이 프로젝트에서 두 달 동안 일하고 있어요.   He has worked on this project for two months.

28 그는 일주일 동안 (계속) 아파요.   He has been sick for a week.

29 저는 여기로 이사 온 지 꽤 되었어요.   It has been a while since I moved here.

30 제가 그에게서 소식을 들은 지 꽤 되었어요.   It has been a while since I heard from him.

31 저는 이곳에서 오래 살지 않았어요.   I haven't lived here for a long time.

32 저는 이 분야에서 오래 일하지 않았어요.   I haven't worked in this field for a long time.

33 저는 몇 주 동안 그녀로부터 소식을 듣지 못했어요.   I haven't heard from her for several weeks.

34 저는 오랫동안 테니스를 치지 않았어요.   I haven't played tennis for a long time.

35 저는 일 년 동안 운동을 안하고 있어요.   I haven't worked out for a year.

36 당신은 감기에 걸린 지 얼마나 되었나요?   How long have you had a cold?

37 당신은 저 전화기를 쓴 지 얼마나 되었나요?   How long have you had that phone?

38 당신은 주장으로 활동한 지 얼마나 되었나요?   How long have you worked as a captain?

39 당신은 여기 산 지 오래되었나요?   Have you lived here for a long time?

40 당신은 사업을 한 지 오래되었나요?   Have you run your business for a long time?

"오늘은 내가 요리사"

QR코드로 대표 문장이 담긴 노래를 들으실 수 있습니다.

WEEK 09 단어로 문장 확장

단어를 추가하여 문장을 확장하고 그 뜻을 풍부하게 한다.

Unit 41 형용사로 문장 확장하기 Ⅰ

Unit 42 형용사로 문장 확장하기 Ⅱ

Unit 43 부사로 문장 확장하기 Ⅰ

Unit 44 부사로 문장 확장하기 Ⅱ

Unit 45 Review

UNIT 41 형용사로 문장 확장하기 I
I got a flat tire.

형용사의 쓰임

▶ **한정적 용법: 명사 앞에서 명사 수식**

명사 앞에서 명사를 꾸며 상태나 성질 등을 구체적으로 설명한다.

I got a tire. ➡ I got a **flat** tire.

나는 타이어가 있다.   나는 펑크가 난 타이어가 있다.

▶ **서술적 용법: 주어나 목적어의 상태 설명**

보어로 쓰여 명사 혹은 대명사인 주어나 목적어가 '어떠하다'는 구체적인 설명을 더한다.

Mr. Kim is …. ➡ Mr. Kim is **kind**.

미스터 김은 (어떠하다).   미스터 김은 친절하다.

I think him …. ➡ I think him **smart**.

나는 그가 (어떠하다고) 생각한다.   나는 그가 똑똑하다고 생각한다.

● 형용사로 문장 확장하기

She has curly hair. ➡ She has **short** curly hair.

그녀는 곱슬머리이다.   그녀는 짧은 곱슬머리이다.

He is polite. ➡ He is polite and **humble**.

그는 예의 바르다.   그는 예의 바르고 겸손하다.

The sea looks beautiful. ➡ The sea looks beautiful and **calm**.

그 바다는 아름답게 보인다.   그 바다는 아름답고 잔잔해 보인다.

오늘의 표현 10

🎧 41

1	I got a flat tire.	타이어에 펑크가 났어요.
2	I want low-fat milk.	저는 저지방 우유를 원해요.
3	She has short curly hair.	그녀는 짧은 곱슬머리예요.
4	Look at the little dog.	그 작은 개를 보세요.
5	I'm going to wear a warm jacket.	저는 따뜻한 재킷을 입을 거예요.
6	My morning was crazy and busy.	아침에 정신없고 바빴어요.
7	He is tall and handsome.	그는 키 크고 잘생겼어요.
8	He is polite and humble.	그는 예의 바르고 겸손해요.
9	The sea looks beautiful and calm.	그 바다는 아름답고 잔잔해 보여요.
10	This picture looks great and modern.	이 그림은 멋있고 현대적으로 보여요.

📝 Target Words

flat tire 펑크가 난 타이어
look at ~을 보다
jacket 상의, 재킷
modern 현대의, 근대의
low-fat milk 저지방 우유
wear (옷을) 입다
crazy 미친, 제정신이 아닌
humble 겸손한
curly hair 곱슬머리
warm 따뜻한
handsome 잘생긴
calm (바다가) 잔잔한

Unit 41

생수다 연습

우리말에 해당하는 영어 표현을 소리 내어 말해 보세요.

타이어에 펑크가 났어요. _____

저는 저지방 우유를 원해요. _____

그녀는 짧은 곱슬머리예요. _____

그 작은 개를 보세요. _____

저는 따뜻한 재킷을 입을 거예요. _____

아침에 정신없고 바빴어요. _____

그는 키 크고 잘생겼어요. _____

그는 예의 바르고 겸손해요. _____

그 바다는 아름답고 잔잔해 보여요. _____

이 그림은 멋있고 현대적으로 보여요. _____

형용사를 활용한 명언

A fool thinks himself to be wise,
but a wise man knows himself to be a fool.

어리석은 사람은 자신이 똑똑하다고 생각하나,
똑똑한 사람은 자신이 어리석다는 것을 안다.

- William Shakespeare

생수다 연습 2

사진을 보고, 문장을 완성하여 말해 보세요.

1

got / I / a flat tire.

_____

2

She / curly hair. / short / has

_____

3

wear / I'm going to / a warm jacket.

_____

4

is / He / tall and handsome.

_____

5

looks / This picture / great and modern.

_____

1. I got a flat tire. 2. She has short curly hair. 3. I'm going to wear a warm jacket. 4. He is tall and handsome. 5. This picture looks great and modern.

UNIT 42 형용사로 문장 확장하기 II
There are some missing parts.

1 현재분사와 과거분사로 형용사 만들기

▶ 현재분사와 과거분사가 형용사 역할을 하면서 명사를 수식할 수 있다.

2 현재분사 vs. 과거분사

구분	현재분사	과거분사
형태	동사원형+-ing	동사원형+-ed
의미	능동, 진행	수동, 완료
해석	~하는, ~하고 있는	~한, ~된
예문	The audience enjoyed the **exciting** movie. 관객들은 그 신나는 영화를 즐겼다.	The **excited** audience members gave good reviews. 신이 나게 된 관객들은 좋은 평을 주었다.

● 현재분사나 과거분사로 문장 확장하기

The girl is attractive. ➡ The **dancing** girl is attractive.

그 여자는 매력적이다.   그 춤추는 여자는 매력적이다.

He offered prices. ➡ He offered **discounted** prices.

그는 가격을 제시했다.   그는 인하된 가격을 제시했다.

오늘의 표현 10

🎧 42

1	There are some missing parts.	몇 가지 빠진 부분이 있어요.
2	The dancing girl is attractive.	그 춤추는 여자는 매력적이네요.
3	The sleeping baby is very cute.	그 잠자는 아기는 매우 귀여워요.
4	The intern is a very promising young man.	그 인턴은 매우 유망한 젊은이예요.
5	There are many participating companies.	참여하는 회사가 많아요.
6	I bought a used car.	저는 중고차를 한 대 샀어요.
7	I need more detailed information.	저는 더 구체적인 정보가 필요해요.
8	They are our valued customers.	그들은 우리의 소중한 고객이에요.
9	He is a very talented photographer.	그는 매우 재능 있는 사진작가예요.
10	He offered discounted prices.	그는 인하된 가격을 제시했어요.

📖 Target Words

missing 빠진 **attractive** 매력적인 **promising** 유망한, 촉망되는
participating 참여하는, 참가하는 **a used car** 중고차 **detailed** 구체적인, 자세한
information 정보 **valued** 소중한, 귀중한, 중요한 **customer** 고객, 손님
talented 재능이 있는 **photographer** 사진작가, 사진사 **a discounted price** 인하된 가격, 할인된 가격

생수다 연습

우리말에 해당하는 영어 표현을 소리 내어 말해 보세요.

몇 가지 빠진 부분이 있어요.

그 춤추는 여자는 매력적이네요.

그 잠자는 아기는 매우 귀여워요.

그 인턴은 매우 유망한 젊은이예요.

참여하는 회사가 많아요.

저는 중고차를 한 대 샀어요.

저는 더 구체적인 정보가 필요해요.

그들은 우리의 소중한 고객이에요.

그는 매우 재능 있는 사진작가예요.

그는 인하된 가격을 제시했어요.

형용사를 활용한 명언

Not life, but good life, is to be chiefly valued.

그냥 인생이 아니라 좋은 인생이 주로 소중히 여겨져야 한다.

- Socrates

생수다 연습 2

사진을 보고, 주어진 단어와 어구를 사용하여 우리말에 알맞은 영어 문장을 말해 보세요.

1

그 춤추는 여자는 매력적이네요.

dancing, attractive

2

그 잠자는 아기는 아주 귀여워요.

sleeping, cute

3

그 인턴은 매우 유망한 젊은이예요.

intern, promising

4

저는 중고차를 한 대 샀어요.

a used car

5

그는 매우 재능 있는 사진작가예요.

talented photographer

1. The dancing girl is attractive. 2. The sleeping baby is very cute. 3. The intern is a very promising young man. 4. I bought a used car. 5. He is a very talented photographer.

Unit 42

UNIT 43 부사로 문장 확장하기 I
I was running quickly.

부사의 쓰임 I

▶ 동사 수식: 동사의 앞이나 뒤에서 동사를 수식하여 동작의 상태를 나타낸다.

He walked **slowly**. 그는 천천히 걸었다.

▶ 형용사 수식: 형용사의 앞이나 뒤에서 형용사를 수식하여 형용사의 상태를 설명하거나 강조한다.

The wind was **so** strong. 바람이 아주 강했다.

● 부사로 동사나 형용사를 수식하며 문장 확장하기

I was running. → I was running **quickly**.
나는 달리고 있었다.   나는 빠르게 달리고 있었다.

It is raining. → It is raining **heavily**.
비가 내리고 있다.   비가 억수로 내리고 있다.

The movie was good. → The movie was **quite** good.
그 영화는 좋았다.   그 영화는 꽤 좋았다.

오늘의 표현 10

🎧 43

1	I was running quickly.	저는 빠르게 달리고 있었어요.
2	I was walking slowly.	저는 천천히 걷고 있었어요.
3	They were singing happily.	그들은 행복하게 노래를 부르고 있었어요.
4	The bus stopped suddenly.	버스가 갑자기 멈췄어요.
5	The dog barked loudly.	그 개가 큰 소리로 짖었어요.
6	The wind was so strong.	바람이 아주 강했어요.
7	This steak was so delicious.	이 스테이크는 아주 맛있었어요.
8	The concert ticket was quite expensive.	그 콘서트 표는 꽤 비쌌어요.
9	The movie was quite good.	그 영화는 꽤 좋았어요.
10	The office was rather warm.	사무실이 다소 더웠어요.

📖 Target Words

quickly 빠르게, 빨리
suddenly 갑자기
wind 바람
expensive (값이) 비싼

slowly 천천히
bark (개가) 짖다
so 매우, 대단히, 아주
rather 꽤, 약간, 상당히

happily 행복하게, 기분 좋게
loudly 시끄럽게
quite 꽤, 상당히
warm 따뜻한, 더운

Unit 43

생수다 연습

우리말에 해당하는 영어 표현을 소리 내어 말해 보세요.

저는 빠르게 달리고 있었어요.　👄 _____

저는 천천히 걷고 있었어요.　_____

그들은 행복하게 노래를 부르고 있었어요.　_____

버스가 갑자기 멈췄어요.　_____

그 개가 큰 소리로 짖었어요.　_____

바람이 아주 강했어요.　_____

이 스테이크는 아주 맛있었어요.　_____

그 콘서트 표는 꽤 비쌌어요.　_____

그 영화는 꽤 좋았어요.　_____

사무실이 다소 더웠어요.　_____

부사를 활용한 명언

Management is doing things right;
leadership is doing the right things.

관리는 일을 똑바로 하는 것이고, 리더십은 옳은 일을 하는 것이다.

— Peter Drucker

생수다 연습 2

사진을 보고, 문장을 완성하여 말해 보세요.

I / quickly. / was running

happily. / were singing / They

barked / The dog / loudly.

The wind / so strong. / was

so delicious. / was / This steak

1. I was running quickly. 2. They were singing happily. 3. The dog barked loudly. 4. The wind was so strong. 5. This steak was so delicious.

Unit 43

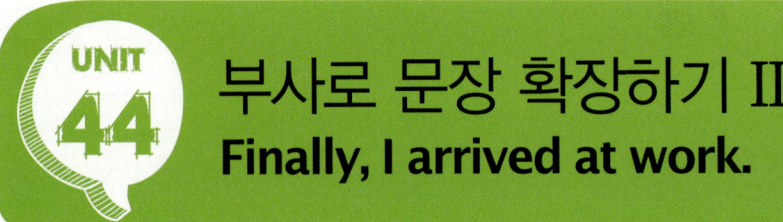

UNIT 44 부사로 문장 확장하기 II
Finally, I arrived at work.

부사의 쓰임 II

▶ **다른 부사 수식**

다른 부사를 수식하여 그 정도를 더하거나 강조한다.

She cooked well. ➡ She cooked **fairly** well.

그녀는 요리를 잘한다. 그녀는 요리를 꽤 잘한다.

▶ **문장 전체 수식**

문장의 맨 앞이나 맨 뒤에서 문장 전체를 수식하며 문장 전체의 어조를 정한다.

I arrived at work. ➡ **Finally**, I arrived at work.

나는 직장에 도착했다. 마침내, 나는 직장에 도착했다.

● 부사로 다른 부사나 문장 전체를 수식하며 문장 확장하기

He could read fast. ➡ He could read **incredibly** fast.

그는 빠르게 읽을 수 있었다. 그는 엄청나게 빠르게 읽을 수 있었다.

I found the keys. ➡ **Fortunately**, I found the keys.

나는 열쇠들을 찾았다. 다행스럽게도, 나는 열쇠들을 찾았다.

I don't like that idea. ➡ **Personally**, I don't like that idea.

나는 저 아이디어를 좋아하지 않는다. 개인적으로, 나는 저 아이디어를 좋아하지 않는다.

오늘의 표현 10

🎧 44

1	Finally, I arrived at work.	마침내, 저는 직장에 도착했어요.
2	Fortunately, I found the keys.	다행스럽게도, 저는 열쇠들을 찾았어요.
3	Surprisingly, the children behaved well.	놀랍게도, 아이들이 얌전히 굴었어요.
4	Shockingly, the movie was great.	깜짝 놀랄 만큼, 영화는 훌륭했어요.
5	Personally, I don't like that idea.	개인적으로, 저는 저 아이디어를 좋아하지 않아요.
6	He could read incredibly fast.	그는 엄청나게 빨리 읽을 수 있었어요.
7	She cooked fairly well.	그녀는 요리를 꽤 잘했어요.
8	The singers sang amazingly beautifully.	그 가수들이 놀랄 만큼 아름답게 노래를 불렀어요.
9	He finished the work surprisingly quickly.	그는 의외로 빨리 그 일을 끝냈어요.
10	Time passed painfully slowly.	시간이 몹시 천천히 지나갔어요.

📖 Target Words

finally 마침내, 결국
behave 예의 바르게 행동하다
incredibly 믿을 수 없을 정도로, 엄청나게
finish 끝내다, 마치다

fortunately 다행스럽게도
shockingly 깜짝 놀랄 만큼, 엄청나게
fairly 꽤, 상당히
pass (시간이) 지나가다

surprisingly 놀랍게도, 의외로
personally 개인적으로
amazingly 놀랍게도
painfully (유감스럽게) 몹시, 아주

생수다 연습

우리말에 해당하는 영어 표현을 소리 내어 말해 보세요.

마침내, 저는 직장에 도착했어요. _____

다행스럽게도, 저는 열쇠들을 찾았어요. _____

놀랍게도, 아이들이 얌전히 굴었어요. _____

깜짝 놀랄 만큼, 영화는 훌륭했어요. _____

개인적으로, 저는 저 아이디어를 좋아하지 않아요. _____

그는 엄청나게 빨리 읽을 수 있었어요. _____

그녀는 요리를 꽤 잘했어요. _____

그 가수들이 놀랄 만큼 아름답게 노래를 불렀어요. _____

그는 의외로 빨리 그 일을 끝냈어요. _____

시간이 몹시 천천히 지나갔어요. _____

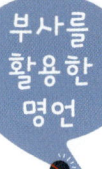

부사를 활용한 명언

The greater danger for most of us lies not in setting
our aim too high and falling short;
but in setting our aim too low, and achieving our mark.

대부분의 인간들에게 더 큰 위험은 목표를 너무 높게 잡아서, 목표에 다다르지 못하는 것이 아니라, 목표를 너무 낮게 잡아서 우리의 자국을 남기는 것이다.

— Michelangelo

생수다 연습 2

사진을 보고, 주어진 단어와 어구를 사용하여 우리말에 알맞은 영어 문장을 말해 보세요.

1

마침내, 저는 직장에 도착했어요.

finally, arrived at work

2

다행스럽게도, 저는 열쇠들을 찾았어요.

fortunately, found

3

놀랍게도, 아이들이 얌전히 굴었어요.

surprisingly, behaved well

4

그녀는 요리를 꽤 잘했어요.

cooked fairly

5

시간이 몹시 천천히 지나갔어요.

passed, painfully

1. Finally, I arrived at work. 2. Fortunately, I found the keys. 3. Surprisingly, the children behaved well. 4. She cooked fairly well. 5. Time passed painfully slowly.

UNIT 45 Review

우리말을 영어로 소리 내어 말해 보고, 말할 때마다 ☐에 √표 해 보세요.

	1회	2회	3회
1 타이어에 펑크가 났어요.	☐	☐	☐
2 저는 저지방 우유를 원해요.	☐	☐	☐
3 그녀는 짧은 곱슬머리예요.	☐	☐	☐
4 그 작은 개를 보세요.	☐	☐	☐
5 저는 따뜻한 재킷을 입을 거예요.	☐	☐	☐
6 아침에 정신없고 바빴어요.	☐	☐	☐
7 그는 키 크고 잘생겼어요.	☐	☐	☐
8 그는 예의 바르고 겸손해요.	☐	☐	☐
9 그 바다는 아름답고 잔잔해 보여요.	☐	☐	☐
10 이 그림은 멋있고 현대적으로 보여요.	☐	☐	☐
11 몇 가지 빠진 부분이 있어요.	☐	☐	☐
12 그 춤추는 여자는 매력적이네요.	☐	☐	☐
13 그 잠자는 아기는 매우 귀여워요.	☐	☐	☐
14 그 인턴은 매우 유망한 젊은이예요.	☐	☐	☐
15 참여하는 회사가 많아요.	☐	☐	☐
16 저는 중고차를 한 대 샀어요.	☐	☐	☐
17 저는 더 구체적인 정보가 필요해요.	☐	☐	☐
18 그들은 우리의 소중한 고객이에요.	☐	☐	☐
19 그는 매우 재능 있는 사진작가예요.	☐	☐	☐
20 그는 인하된 가격을 제시했어요.	☐	☐	☐

	1회	2회	3회
21 저는 빠르게 달리고 있었어요.	■	■	■
22 저는 천천히 걷고 있었어요.	■	■	■
23 그들은 행복하게 노래를 부르고 있었어요.	■	■	■
24 버스가 갑자기 멈췄어요.	■	■	■
25 그 개가 큰 소리로 짖었어요.	■	■	■
26 바람이 아주 강했어요.	■	■	■
27 이 스테이크는 아주 맛있었어요.	■	■	■
28 그 콘서트 표는 꽤 비쌌어요.	■	■	■
29 그 영화는 꽤 좋았어요.	■	■	■
30 사무실이 다소 더웠어요.	■	■	■
31 마침내, 저는 직장에 도착했어요.	■	■	■
32 다행스럽게도, 저는 열쇠들을 찾았어요.	■	■	■
33 놀랍게도, 아이들이 얌전히 굴었어요.	■	■	■
34 깜짝 놀랄 만큼, 영화는 훌륭했어요.	■	■	■
35 개인적으로, 저는 저 아이디어를 좋아하지 않아요.	■	■	■
36 그는 엄청나게 빨리 읽을 수 있었어요.	■	■	■
37 그녀는 요리를 꽤 잘했어요.	■	■	■
38 그 가수들이 놀랄 만큼 아름답게 노래를 불렀어요.	■	■	■
39 그는 의외로 빨리 그 일을 끝냈어요.	■	■	■
40 시간이 몹시 천천히 지나갔어요.	■	■	■

앞에서 말한 영어 문장을 확인해 보세요.

1 타이어에 펑크가 났어요.   I got a flat tire.

2 저는 저지방 우유를 원해요.   I want low-fat milk.

3 그녀는 짧은 곱슬머리예요.   She has short curly hair.

4 그 작은 개를 보세요.   Look at the little dog.

5 저는 따뜻한 재킷을 입을 거예요.   I'm going to wear a warm jacket.

6 아침에 정신없고 바빴어요.   My morning was crazy and busy.

7 그는 키 크고 잘생겼어요.   He is tall and handsome.

8 그는 예의 바르고 겸손해요.   He is polite and humble.

9 그 바다는 아름답고 잔잔해 보여요.   The sea looks beautiful and calm.

10 이 그림은 멋있고 현대적으로 보여요.   This picture looks great and modern.

11 몇 가지 빠진 부분이 있어요.   There are some missing parts.

12 그 춤추는 여자는 매력적이네요.   The dancing girl is attractive.

13 그 잠자는 아기는 매우 귀여워요.   The sleeping baby is very cute.

14 그 인턴은 매우 유망한 젊은이예요.   The intern is a very promising young man.

15 참여하는 회사가 많아요.   There are many participating companies.

16 저는 중고차를 한 대 샀어요.   I bought a used car.

17 저는 더 구체적인 정보가 필요해요.   I need more detailed information.

18 그들은 우리의 소중한 고객이에요.   They are our valued customers.

19 그는 매우 재능 있는 사진작가예요.   He is a very talented photographer.

20 그는 인하된 가격을 제시했어요.   He offered discounted prices.

21	저는 빠르게 달리고 있었어요.	I was running quickly.
22	저는 천천히 걷고 있었어요.	I was walking slowly.
23	그들은 행복하게 노래를 부르고 있었어요.	They were singing happily.
24	버스가 갑자기 멈췄어요.	The bus stopped suddenly.
25	그 개가 큰 소리로 짖었어요.	The dog barked loudly.
26	바람이 아주 강했어요.	The wind was so strong.
27	이 스테이크는 아주 맛있었어요.	This steak was so delicious.
28	그 콘서트 표는 꽤 비쌌어요.	The concert ticket was quite expensive.
29	그 영화는 꽤 좋았어요.	The movie was quite good.
30	사무실이 다소 더웠어요.	The office was rather warm.
31	마침내, 저는 직장에 도착했어요.	Finally, I arrived at work.
32	다행스럽게도, 저는 열쇠들을 찾았어요.	Fortunately, I found the keys.
33	놀랍게도, 아이들이 얌전히 굴었어요.	Surprisingly, the children behaved well.
34	깜짝 놀랄 만큼, 영화는 훌륭했어요.	Shockingly, the movie was great.
35	개인적으로, 저는 저 아이디어를 좋아하지 않아요.	Personally, I don't like that idea.
36	그는 엄청나게 빨리 읽을 수 있었어요.	He could read incredibly fast.
37	그녀는 요리를 꽤 잘했어요.	She cooked fairly well.
38	그 가수들이 놀랄 만큼 아름답게 노래를 불렀어요.	The singers sang amazingly beautifully.
39	그는 의외로 빨리 그 일을 끝냈어요.	He finished the work surprisingly quickly.
40	시간이 몹시 천천히 지나갔어요.	Time passed painfully slowly.

"머피의 법칙"

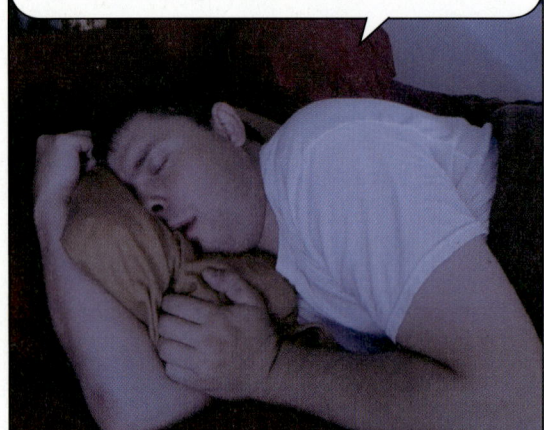
My morning was crazy and busy.

I got a flat tire.

I was running quickly.

Finally, I arrived at work.

QR코드로 대표 문장이 담긴 노래를 들으실 수 있습니다.

WEEK 10 구(Phrase)로 문장 확장

구(phrase)를 추가하여 문장을 확장하고 그 뜻을 풍부하게 할 수 있다.

Unit 46   명사구로 문장 확장하기

Unit 47   형용사구로 문장 확장하기

Unit 48   부사구로 문장 확장하기

Unit 49   전치사구로 문장 확장하기

Unit 50   Review

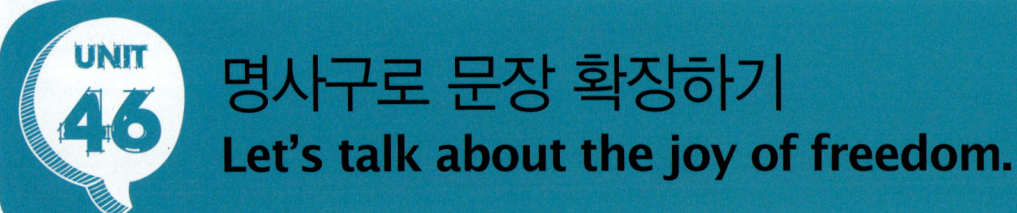

UNIT 46 명사구로 문장 확장하기
Let's talk about the joy of freedom.

1 명사구

두 개 이상의 단어가 모여 명사 역할을 하는 것을 명사구라 한다.

2 명사구의 쓰임

▶ 명사와 마찬가지로 명사구도 문장에서 주어, 보어, 목적어 역할을 할 수 있다.

▶ 명사와 명사를 of로 연결하여 '~의 …' 의미를 나타낼 수 있다.

Let's talk about <u>the joy</u>. ➡ Let's talk about **the joy of freedom**.
기쁨에 관해 이야기해 보자.　　　　　자유의 기쁨에 관해 이야기해 보자.

▶ 의문사와 to부정사를 연결하여 목적어로 쓸 수 있다.

I don't know. ➡ I don't know **what to say**.
나는 모르겠다.　　　　나는 무슨 말을 해야 할지 모르겠다.

● 명사구로 문장 확장하기

Let's talk about <u>time</u>. ➡ Let's talk about **the value of time**.
시간에 관해 이야기해 보자.　　　시간의 가치에 관해 이야기해 보자.

He showed me. ➡ He showed me **how to fix it**.
그는 나에게 보여 주었다.　　　그는 나에게 그것을 고치는 방법을 보여 주었다.

He told me. ➡ He told me **when to leave**.
그는 나에게 말해 주었다.　　　그는 나에게 언제 떠나야 하는지 말해 주었다.

오늘의 표현 10

 46

1	Let's talk about the joy of freedom.	자유의 기쁨에 관해 이야기해 봅시다.
2	Let's talk about the importance of technology.	기술의 중요성에 관해 이야기해 봅시다.
3	Let's talk about the value of time.	시간의 가치에 관해 이야기해 봅시다.
4	Let's talk about the pursuit of happiness.	행복 추구에 관해 이야기해 봅시다.
5	Let's talk about the meaning of life.	삶의 의미에 관해 이야기해 봅시다.
6	I don't know what to buy.	저는 무엇을 사야 할지 모르겠어요.
7	He showed me how to fix it.	그가 저에게 그것을 고치는 방법을 보여 주었어요.
8	Please tell me where to go.	저에게 어디로 가야 하는지 말해 주세요.
9	He told me when to leave.	그가 저에게 언제 떠나야 하는지 말해 주었어요.
10	She told me which to choose.	그녀가 저에게 어느 것을 골라야 하는지 말해 주었어요.

Target Words

joy 기쁨　　　　　　　freedom 자유　　　　　　importance 중요성
technology 기술　　　　value 가치　　　　　　pursuit (원하는 것을) 추구
happiness 행복　　　　 meaning 의미, 뜻　　　 life 삶, 인생
fix 고치다　　　　　　 leave 떠나다, 출발하다　 choose 고르다, 선택하다

생수다 연습

우리말에 해당하는 영어 표현을 소리 내어 말해 보세요.

자유의 기쁨에 관해 이야기해 봅시다.

기술의 중요성에 관해 이야기해 봅시다.

시간의 가치에 관해 이야기해 봅시다.

행복 추구에 관해 이야기해 봅시다.

삶의 의미에 관해 이야기해 봅시다.

저는 무엇을 사야 할지 모르겠어요.

그가 저에게 그것을 고치는 방법을 보여 주었어요.

저에게 어디로 가야 하는지 말해 주세요.

그가 저에게 언제 떠나야 하는지 말해 주었어요.

그녀가 저에게 어느 것을 골라야 하는지 말해 주었어요.

명사구를 활용한 명언

Don't let the noise of others' opinions drown out your own inner voice.

다른 사람들의 의견이 내는 소음이 여러분 자신 내면의 목소리를 잠재우지 않도록 하라.

― Steve Jobs

생수다 연습 2

사진을 보고, 문장을 완성하여 말해 보세요.

1.

the importance of technology. / Let's / talk about

_____

2.

Let's / the value of time. / talk about

_____

3.

talk about / Let's / the pursuit of happiness.

_____

4.

He / how to fix it. / showed me

_____

5.

which to choose. / told me / She

_____

1. Let's talk about the importance of technology. 2. Let's talk about the value of time. 3. Let's talk about the pursuit of happiness. 4. He showed me how to fix it. 5. She told me which to choose.

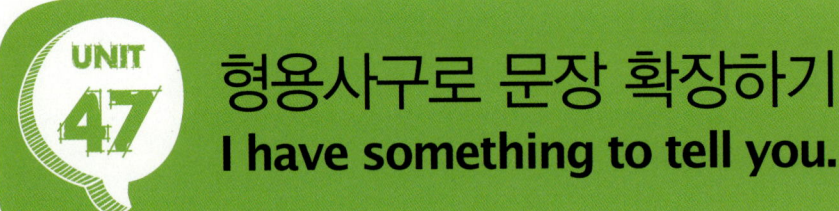

UNIT 47 형용사구로 문장 확장하기
I have something to tell you.

1 형용사구

두 개 이상의 단어가 모여 형용사 역할을 하는 것을 형용사구라 한다.

2 형용사구의 쓰임

▶ 보통 「명사 + to부정사」의 형태로 to부정사가 앞에 온 명사를 수식한다.

I have something. ➡ I have something **to tell you**.
나는 뭔가 있다. 나는 너에게 말할 것이 있다.

I need somebody. ➡ I need somebody **to help me**.
나는 누군가 필요하다. 나는 나를 도와줄 누군가 필요하다.

◆ 형용사구로 문장 확장하기

I have a flight. ➡ I have a flight **to catch**.
나는 항공편이 있다. 나는 타야 할 항공편이 있다.

I have errands. ➡ I have errands **to run**.
나는 볼일이 있다. 나는 해야 할 볼일이 있다.

I need a place. ➡ I need a place **to stay**.
나는 장소가 필요하다. 나는 머물 곳이 필요하다.

오늘의 표현 10

🎧 47

1	I have something to tell you.	저는 당신에게 할 말이 있어요.
2	I have a call to make.	저는 전화를 한 통 걸어야 해요.
3	I have a project to finish.	저는 끝내야 할 프로젝트가 있어요.
4	I have a flight to catch.	저는 타야 할 항공편이 있어요.
5	I have errands to run.	저는 해야 할 볼일이 있어요.
6	I need something to drink.	저는 마실 것이 필요해요.
7	I need somebody to help me.	저는 저를 도와줄 누군가 필요해요.
8	I need a place to stay.	저는 머물 곳이 필요해요.
9	I need some time to take a break.	저는 쉴 시간이 좀 필요해요.
10	I need somewhere to go.	저는 갈 곳이 필요해요.

📓 Target Words

something 어떤 것, 무엇
catch 잡다, (탈것을) 타다
need 필요하다
stay 머무르다, 숙박하다

make a call (전화를) 걸다
errand 볼일, 심부름
somebody 어떤 사람, 누군가
take a break 잠깐 쉬다

flight 항공편
run an errand 심부름하다, 볼일 보다
place 장소, 곳
somewhere 어딘가에

생수다 연습

우리말에 해당하는 영어 표현을 소리 내어 말해 보세요.

저는 당신에게 할 말이 있어요. _____

저는 전화를 한 통 걸어야 해요. _____

저는 끝내야 할 프로젝트가 있어요. _____

저는 타야 할 항공편이 있어요. _____

저는 해야 할 볼일이 있어요. _____

저는 마실 것이 필요해요. _____

저는 저를 도와줄 누군가 필요해요. _____

저는 머물 곳이 필요해요. _____

저는 쉴 시간이 좀 필요해요. _____

저는 갈 곳이 필요해요. _____

형용사구를 활용한 명언

Money is just something to be circulated.
돈은 돌고 돌아야 하는 것일 뿐이다.
— Aidan Quinn

생수다 연습 2

사진을 보고, 주어진 단어와 어구를 사용하여 우리말에 알맞은 영어 문장을 말해 보세요.

저는 당신에게 할 말이 있어요.
something to tell

저는 전화를 한 통 걸어야 해요.
a call to make

저는 타야 할 항공편이 있어요.
a flight to catch

저는 마실 것이 필요해요.
need something

저는 머물 곳이 필요해요.
need, stay

1. I have something to tell you. 2. I have a call to make. 3. I have a flight to catch. 4. I need something to drink. 5. I need a place to stay.

Unit 47

UNIT 48 부사구로 문장 확장하기
I ran to catch the bus.

1 부사구

두 개 이상의 단어가 모여 부사 역할을 하는 것을 부사구라 한다.

2 부사구의 쓰임

▶ 부사구는 부사처럼 동사, 형용사, 다른 부사를 수식한다.

▶ to부정사의 형태로 목적을 나타낼 때 '~하기 위해서'로 해석한다.

| I went to New York. | ➡ | I went to New York **to see my aunt**. |
| 나는 뉴욕에 갔다. | | 나는 숙모를 보려고 뉴욕에 갔다. |

▶ to부정사의 형태로 감정을 나타내는 형용사와 쓰이면 감정의 원인을 나타내며 '~하게 되어 …하다'로 해석한다.

| I am happy. | ➡ | I am happy **to see you**. |
| 나는 행복하다. | | 나는 너를 보게 되어 행복하다. |

● 부사구로 문장 확장하기

I ran.	➡	I ran **to catch the bus**.
나는 달렸다.		나는 버스를 타기 위해 달렸다.
He came here.	➡	He came here **to see me**.
그는 여기 왔다.		그는 나를 보려고 여기 왔다.
I was excited.	➡	I was excited **to hear the news**.
나는 신이 났었다.		나는 그 소식을 듣게 되어 신이 났었다.

오늘의 표현 10

1	I ran to catch the bus.	저는 버스를 타기 위해 달렸어요.
2	He came here to see me.	그는 저를 보려고 여기 왔어요.
3	She went to the mall to buy a bag.	그녀는 가방을 사려고 쇼핑몰에 갔어요.
4	I am on a diet to lose weight.	저는 살을 빼려고 다이어트를 하고 있어요.
5	They held a charity bazaar to raise money.	그들은 성금을 모으려고 자선 바자회를 열었어요.
6	I was sorry to hear that.	저는 그것을 듣게 되어 유감이었어요.
7	I was excited to hear the news.	저는 그 소식을 듣게 되어 신이 났어요.
8	I was surprised to see him there.	저는 그를 거기에서 보게 되어 놀랐어요.
9	I was happy to meet her again.	저는 그녀를 다시 보게 되어 기분이 좋았어요.
10	I was sad to leave the school.	저는 학교를 떠나게 되어 슬펐어요.

Target Words

catch 잡다, (탈것을) 타다
hold (행사를) 열다 (과거형 held)
raise (돈을) 모으다, 걷다
surprised 놀란

be on a diet 다이어트 중이다
charity 자선
sorry 유감스러운
again 다시, 또

lose weight 살을 빼다
charity bazaar 자선 바자회
excited 신이 난
leave 떠나다

생수다 연습

우리말에 해당하는 영어 표현을 소리 내어 말해 보세요.

저는 버스를 타기 위해 달렸어요.

그는 저를 보려고 여기 왔어요.

그녀는 가방을 사려고 쇼핑몰에 갔어요.

저는 살을 빼려고 다이어트를 하고 있어요.

그들은 성금을 모으려고 자선 바자회를 열었어요.

저는 그것을 듣게 되어 유감이었어요.

저는 그 소식을 듣게 되어 신이 났어요.

저는 그를 거기에서 보게 되어 놀랐어요.

저는 그녀를 다시 보게 되어 기분이 좋았어요.

저는 학교를 떠나게 되어 슬펐어요.

부사구를 활용한 명언

You must lose a fly to catch a trout.

송어를 낚기 위해서는 미끼를 풀어야 한다.

― George Herbert

생수다 연습 2

사진을 보고, 문장을 완성하여 말해 보세요.

I / to catch the bus. / ran

_____

to see me. / came here / He

_____

went to the mall / She / to buy a bag.

_____

to hear that. / was sorry / I

_____

I / to meet her again. / was happy

_____

1. I ran to catch the bus. 2. He came here to see me. 3. She went to the mall to buy a bag. 4. I was sorry to hear that. 5. I was happy to meet her again.

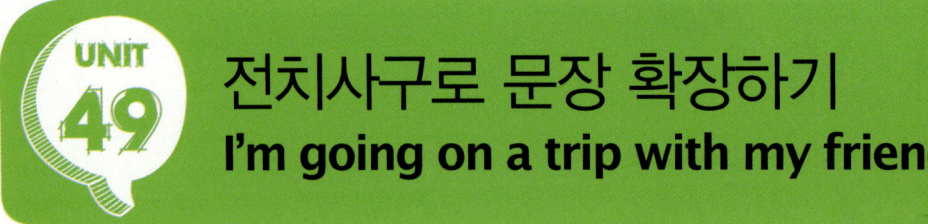

UNIT 49 전치사구로 문장 확장하기
I'm going on a trip with my friend.

1 전치사구

전치사와 명사가 함께 모여 전치사 역할을 하는 것을 전치사구라 한다.

2 전치사구의 쓰임

▶ 전치사구는 상황에 따라 형용사나 부사 역할을 한다.

▶ 형용사 역할: 명사 뒤에 위치하여 앞의 명사를 수식한다.

Everyone could come to the party. 모든 사람이 그 파티에 올 수 있었다.
→ Everyone **except John** could come to the party.
존을 제외한 모든 사람이 그 파티에 올 수 있었다.

▶ 부사 역할: 대개의 경우 전치사구는 동사, 형용사, 다른 부사를 수식하면서 문장에 다양한 의미를 더하는 부사 역할을 한다.

Buy it. → Buy it **with this money**.
그것을 사라.   이 돈으로 그것을 사라.

● 전치사구로 문장 확장하기

Fill out the form. → Fill out the form **with this pen**.
양식을 채워라.   이 펜으로 양식을 채워라.

I will be miserable. → I will be miserable **without you**.
나는 비참해질 것이다.   나는 네가 없으면 비참해질 것이다.

We cannot survive. → We cannot survive **without water**.
우리는 살 수 없다.   우리는 물 없이 살 수 없다.

오늘의 표현 10

🎧 49

1	I'm going on a trip with my friend.	저는 친구와 함께 여행을 갈 거예요.
2	Buy it with this money.	이 돈으로 그것을 사세요.
3	Fill out the form with this pen.	이 펜으로 그 양식을 채우세요.
4	Bake the bread with this oven.	이 오븐으로 빵을 구우세요.
5	Find the answer with this computer.	이 컴퓨터로 답을 찾으세요.
6	I will be miserable without you.	저는 당신이 없으면 비참해질 거예요.
7	We cannot survive without water.	우리는 물 없이 살 수 없어요.
8	I couldn't have done it without you.	저는 당신이 없었으면 그것을 할 수 없었을 거예요.
9	It can't be finished without more time.	그것은 시간이 더 없으면 끝낼 수 없어요.
10	We can't buy it without more funds.	우리는 기금이 더 없으면 그것을 살 수 없어요.

📖 Target Words

trip 여행
fill out (빈칸을) 채우다
oven 오븐
survive 살아남다, 생존하다

go on a trip 여행을 가다
form 양식, 서식
miserable 비참한
water 물

with ~와 함께[같이]
bake (빵을) 굽다
without ~ 없이, ~ 없으면
fund 기금, 돈

Unit 49

생수다 연습

우리말에 해당하는 영어 표현을 소리 내어 말해 보세요.

저는 친구와 함께 여행을 갈 거예요.

이 돈으로 그것을 사세요.

이 펜으로 그 양식을 채우세요.

이 오븐으로 빵을 구우세요.

이 컴퓨터로 답을 찾으세요.

저는 당신이 없으면 비참해질 거예요.

우리는 물 없이 살 수 없어요.

저는 당신이 없었으면 그것을 할 수 없었을 거예요.

그것은 시간이 더 없으면 끝낼 수 없어요.

우리는 기금이 더 없으면 그것을 살 수 없어요.

전치사구를 활용한 명언

Nothing can be done without hope and confidence.

희망과 자신감이 없으면 그 어느 것도 할 수 없다.

- Helen Keller

생수다 연습 2

사진을 보고, 주어진 단어와 어구를 사용하여 우리말에 알맞은 영어 문장을 말해 보세요.

1

이 돈으로 그것을 사세요.

buy, with

2

이 펜으로 그 양식을 채우세요.

fill out, with

3

이 오븐으로 빵을 구우세요.

bake, with

4

저는 당신이 없으면 비참해질 거예요.

miserable, without

5

우리는 물 없이 살 수 없어요.

survive, without

---

1. Buy it with this money. 2. Fill out the form with this pen. 3. Bake the bread with this oven. 4. I will be miserable without you. 5. We cannot survive without water.

UNIT 50 Review

우리말을 영어로 소리 내어 말해 보고, 말할 때마다 ■에 √표 해 보세요.

		1회	2회	3회
1	자유의 기쁨에 관해 이야기해 봅시다.	■	■	■
2	기술의 중요성에 관해 이야기해 봅시다.	■	■	■
3	시간의 가치에 관해 이야기해 봅시다.	■	■	■
4	행복 추구에 관해 이야기해 봅시다.	■	■	■
5	삶의 의미에 관해 이야기해 봅시다.	■	■	■
6	저는 무엇을 사야 할지 모르겠어요.	■	■	■
7	그가 저에게 그것을 고치는 방법을 보여 주었어요.	■	■	■
8	저에게 어디로 가야 하는지 말해 주세요.	■	■	■
9	그가 저에게 언제 떠나야 하는지 말해 주었어요.	■	■	■
10	그녀가 저에게 어느 것을 골라야 하는지 말해 주었어요.	■	■	■
11	저는 당신에게 할 말이 있어요.	■	■	■
12	저는 전화를 한 통 걸어야 해요.	■	■	■
13	저는 끝내야 할 프로젝트가 있어요.	■	■	■
14	저는 타야 할 항공편이 있어요.	■	■	■
15	저는 해야 할 볼일이 있어요.	■	■	■
16	저는 마실 것이 필요해요.	■	■	■
17	저는 저를 도와줄 누군가 필요해요.	■	■	■
18	저는 머물 곳이 필요해요.	■	■	■
19	저는 쉴 시간이 좀 필요해요.	■	■	■
20	저는 갈 곳이 필요해요.	■	■	■

		1회	2회	3회

21 저는 버스를 타기 위해 달렸어요.

22 그는 저를 보려고 여기 왔어요.

23 그녀는 가방을 사려고 쇼핑몰에 갔어요.

24 저는 살을 빼려고 다이어트를 하고 있어요.

25 그들은 성금을 모으려고 자선 바자회를 열었어요.

26 저는 그것을 듣게 되어 유감이었어요.

27 저는 그 소식을 듣게 되어 신이 났어요.

28 저는 그를 거기에서 보게 되어 놀랐어요.

29 저는 그녀를 다시 보게 되어 기분이 좋았어요.

30 저는 학교를 떠나게 되어 슬펐어요.

31 저는 친구와 함께 여행을 갈 거예요.

32 이 돈으로 그것을 사세요.

33 이 펜으로 그 양식을 채우세요.

34 이 오븐으로 빵을 구우세요.

35 이 컴퓨터로 답을 찾으세요.

36 저는 당신이 없으면 비참해질 거예요.

37 우리는 물 없이 살 수 없어요.

38 저는 당신이 없었으면 그것을 할 수 없었을 거예요.

39 그것은 시간이 더 없으면 끝낼 수 없어요.

40 우리는 기금이 더 없으면 그것을 살 수 없어요.

Unit 50

Review

앞에서 말한 영어 문장을 확인해 보세요.

1 자유의 기쁨에 관해 이야기해 봅시다. — Let's talk about the joy of freedom.
2 기술의 중요성에 관해 이야기해 봅시다. — Let's talk about the importance of technology.
3 시간의 가치에 관해 이야기해 봅시다. — Let's talk about the value of time.
4 행복 추구에 관해 이야기해 봅시다. — Let's talk about the pursuit of happiness.
5 삶의 의미에 관해 이야기해 봅시다. — Let's talk about the meaning of life.
6 저는 무엇을 사야 할지 모르겠어요. — I don't know what to buy.
7 그가 저에게 그것을 고치는 방법을 보여 주었어요. — He showed me how to fix it.
8 저에게 어디로 가야 하는지 말해 주세요. — Please tell me where to go.
9 그가 저에게 언제 떠나야 하는지 말해 주었어요. — He told me when to leave.
10 그녀가 저에게 어느 것을 골라야 하는지 말해 주었어요. — She told me which to choose.
11 저는 당신에게 할 말이 있어요. — I have something to tell you.
12 저는 전화를 한 통 걸어야 해요. — I have a call to make.
13 저는 끝내야 할 프로젝트가 있어요. — I have a project to finish.
14 저는 타야 할 항공편이 있어요. — I have a flight to catch.
15 저는 해야 할 볼일이 있어요. — I have errands to run.
16 저는 마실 것이 필요해요. — I need something to drink.
17 저는 저를 도와줄 누군가 필요해요. — I need somebody to help me.
18 저는 머물 곳이 필요해요. — I need a place to stay.
19 저는 쉴 시간이 좀 필요해요. — I need some time to take a break.
20 저는 갈 곳이 필요해요. — I need somewhere to go.

21	저는 버스를 타기 위해 달렸어요.	I ran to catch the bus.
22	그는 저를 보려고 여기 왔어요.	He came here to see me.
23	그녀는 가방을 사려고 쇼핑몰에 갔어요.	She went to the mall to buy a bag.
24	저는 살을 빼려고 다이어트를 하고 있어요.	I am on a diet to lose weight.
25	그들은 성금을 모으려고 자선 바자회를 열었어요.	They held a charity bazaar to raise money.
26	저는 그것을 듣게 되어 유감이었어요.	I was sorry to hear that.
27	저는 그 소식을 듣게 되어 신이 났어요.	I was excited to hear the news.
28	저는 그를 거기에서 보게 되어 놀랐어요.	I was surprised to see him there.
29	저는 그녀를 다시 보게 되어 기분이 좋았어요.	I was happy to meet her again.
30	저는 학교를 떠나게 되어 슬펐어요.	I was sad to leave the school.
31	저는 친구와 함께 여행을 갈 거예요.	I'm going on a trip with my friend.
32	이 돈으로 그것을 사세요.	Buy it with this money.
33	이 펜으로 그 양식을 채우세요.	Fill out the form with this pen.
34	이 오븐으로 빵을 구우세요.	Bake the bread with this oven.
35	이 컴퓨터로 답을 찾으세요.	Find the answer with this computer.
36	저는 당신이 없으면 비참해질 거예요.	I will be miserable without you.
37	우리는 물 없이 살 수 없어요.	We cannot survive without water.
38	저는 당신이 없었으면 그것을 할 수 없었을 거예요.	I couldn't have done it without you.
39	그것은 시간이 더 없으면 끝낼 수 없어요.	It can't be finished without more time.
40	우리는 기금이 더 없으면 그것을 살 수 없어요.	We can't buy it without more funds.

"이러시면 … 고맙습니다!"

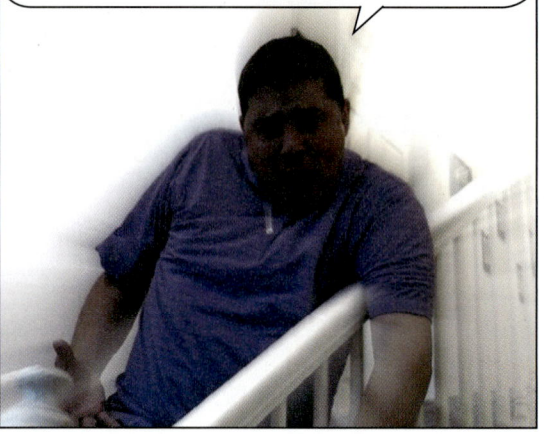

QR코드로
대표 문장이 담긴 노래를
들으실 수 있습니다.

WEEK 11

절(Clause)로 문장 확장

절(clause)을 추가하여 문장을 확장하고
그 뜻을 풍부하게 할 수 있다.

Unit 51   시간을 나타내는 부사절로 문장 확장하기

Unit 52   이유나 원인을 나타내는 부사절로 문장 확장하기

Unit 53   조건을 나타내는 부사절로 문장 확장하기

Unit 54   목적이나 결과를 나타내는 부사절로 문장 확장하기

Unit 55   Review

UNIT 51 시간을 나타내는 부사절로 문장 확장하기
My heart skipped a beat when I saw her.

1 구와 절

▶ 공통점: 구와 절 모두 두 단어 이상으로 이루어진다.

▶ 차이점: 주어와 동사를 포함하면 절, 포함하지 않으면 구이다.

under the table 〈구〉 탁자 아래에서

I know that **the dog is sleeping under the table**. 〈절〉 나는 개가 탁자 아래에서 자고 있는 것을 알고 있다.
          주어   동사

2 시간을 나타내는 부사절

▶ 접속사 when, as, while, before, after 등을 사용하여 어떠한 일이 발생한 때를 나타낸다.

I was happy. ➡	I was happy **when I saw her**.
나는 행복했다.	내가 그녀를 보았을 때 나는 행복했다.
Turn off the light. ➡	Turn off the light **as you leave**.
불을 꺼라.	나가면서 불을 꺼라.

● 시간을 나타내는 부사절로 문장 확장하기

My heart skipped a beat. ➡ My heart skipped a beat **when I saw her**.
내 심장이 마구 뛰었다. 　　　　　　내가 그녀를 보았을 때 내 심장이 마구 뛰었다.

She felt sad. ➡ She felt sad **when it rained**.
그녀는 기분이 울적했다. 　　　비가 오자 그녀는 기분이 울적했다.

I was doing the laundry. ➡ I was doing the laundry **while he was cleaning**.
나는 빨래를 하고 있었다. 　　　그가 청소를 하는 동안 나는 빨래를 하고 있었다.

오늘의 표현 10

1	My heart skipped a beat when I saw her.	제가 그녀를 보았을 때 제 심장이 마구 뛰었어요.
2	I was shocked when I heard the news.	저는 그 소식을 들었을 때 충격을 받았어요.
3	He was happy when he won the competition.	그가 경연 대회에서 우승했을 때 그는 기분이 좋았어요.
4	She felt sad when it rained.	비가 오자 그녀는 기분이 울적했어요.
5	She shouted for joy when she got the results.	그녀는 그 결과를 들었을 때 기뻐서 환호했어요.
6	Turn off the light as you leave.	나가시면서 불을 끄세요.
7	He sat watching her as she got ready.	그녀가 준비를 할 때 그는 앉아서 그녀를 보고 있었어요.
8	I was doing the laundry while he was cleaning.	그가 청소를 하는 동안 저는 빨래를 하고 있었어요.
9	I will look after the baby while you prepare dinner.	당신이 저녁을 준비하는 동안 저는 아기를 돌보고 있을게요.
10	I found these photos while I was cleaning my desk.	제가 책상을 정리하는 동안 이 사진들을 찾았어요.

Target Words

skip (리듬이나 박자를) 건너뛰다
shocked 충격을 받은
result 결과
get ready 준비하다

beat (심장) 박동, 박자
competition 경연 대회
turn off (불이나 전원을) 끄다
while ~하는 동안

when ~할 때, ~하면
shout (소리를) 지르다
light 전등, (전깃)불
look after ~을 돌보다

생수다 연습

우리말에 해당하는 영어 표현을 소리 내어 말해 보세요.

제가 그녀를 보았을 때 제 심장이 마구 뛰었어요.

저는 그 소식을 들었을 때 충격을 받았어요.

그가 경연 대회에서 우승했을 때 그는 기분이 좋았어요.

비가 오자 그녀는 기분이 울적했어요.

그녀는 그 결과를 들었을 때 기뻐서 환호했어요.

나가시면서 불을 끄세요.

그녀가 준비를 할 때 그는 앉아서 그녀를 보고 있었어요.

그가 청소를 하는 동안 저는 빨래를 하고 있었어요.

당신이 저녁을 준비하는 동안 저는 아기를 돌보고 있을게요.

제가 책상을 정리하는 동안 이 사진들을 찾았어요.

when절을 활용한 명언

When you love yourself, that's when you're most beautiful.

당신이 당신 자신을 사랑할 때, 그때가 가장 아름다운 때이다.

— Zoe Kravitz

생수다 연습 2

사진을 보고, 문장을 완성하여 말해 보세요.

when I saw her. / skipped a beat / My heart

was shocked / I / when I heard the news.

felt sad / She / when it rained.

Turn off / as you leave. / the light

will look after the baby / I / while you prepare dinner.

1. My heart skipped a beat when I saw her. 2. I was shocked when I heard the news. 3. She felt sad when it rained. 4. Turn off the light as you leave. 5. I will look after the baby while you prepare dinner.

UNIT 52 이유나 원인을 나타내는 부사절로 문장 확장하기
I couldn't breathe because she winked at me.

이유나 원인을 나타내는 부사절

▶ 접속사 because, since 등을 사용하여 어떠한 일의 이유나 원인을 나타낸다.

I couldn't go to work. 나는 출근을 할 수 없었다.
→ I couldn't go to work **because I was sick**. 나는 아파서 출근을 할 수 없었다.

We won the competition. 우리는 경연 대회에서 우승했다.
→ We won the competition **because we worked hard**.
우리는 열심히 했기 때문에 경연 대회에서 우승했다.

● 이유나 원인을 나타내는 부사절로 문장 확장하기

| I couldn't eat more. | → | I couldn't eat more **because I was full**. |
| 나는 더 이상 먹을 수 없었다. | | 나는 배불러서 더 이상 먹을 수 없었다. |

| I couldn't sleep. | → | I couldn't sleep **because I was excited**. |
| 나는 잠을 잘 수 없었다. | | 나는 신이 나서 잠을 잘 수 없었다. |

| The project went well. | → | The project went well **because she joined us**. |
| 그 프로젝트는 잘 진행되었다. | | 그녀가 우리와 함께해서 그 프로젝트는 잘 진행되었다. |

오늘의 표현 10

 52

1	I couldn't breathe because she winked at me.	그녀가 저에게 윙크를 해서 저는 숨을 쉴 수 없었어요.
2	I couldn't go to work because I was sick.	저는 아팠기 때문에 출근할 수 없었어요.
3	I couldn't eat more because I was full.	저는 배불러서 더 이상 먹을 수 없었어요.
4	I couldn't sleep because I was excited.	저는 신이 나서 잠을 잘 수 없었어요.
5	I couldn't go home early because I had to work late.	저는 야근을 해야 했기 때문에 일찍 귀가할 수 없었어요.
6	The project went well because she joined us.	그녀가 우리와 함께해서 그 프로젝트는 잘 진행되었어요.
7	The flight was delayed because there were technical issues.	기술적인 문제가 있어서 그 항공편이 지연되었어요.
8	We won the competition because we worked hard.	우리는 열심히 했기 때문에 경연 대회에서 우승했어요.
9	The party was successful because we planned really well.	우리가 계획을 아주 잘 짰기 때문에 그 파티는 성공적이었어요.
10	The presentation wasn't good because we didn't prepare enough.	우리가 충분히 준비하지 않았기 때문에 발표는 좋지 않았어요.

Target Words

breathe 숨을 쉬다, 호흡하다
go well 잘 되어가다
technical issue(s) 기술적인 문제
presentation 발표
go to work 출근하다
join 합류하다
successful 성공적인
prepare 준비하다
full (배가) 부른
delay 미루다, 지연시키다
plan 계획하다, 기획하다
enough 충분히

생수다 연습

우리말에 해당하는 영어 표현을 소리 내어 말해 보세요.

그녀가 저에게 윙크를 해서 저는 숨을 쉴 수 없었어요.

저는 아팠기 때문에 출근할 수 없었어요.

저는 배불러서 더 이상 먹을 수 없었어요.

저는 신이 나서 잠을 잘 수 없었어요.

저는 야근을 해야 했기 때문에 일찍 귀가할 수 없었어요.

그녀가 우리와 함께해서 그 프로젝트는 잘 진행되었어요.

기술적인 문제가 있어서 그 항공편이 지연되었어요.

우리는 열심히 했기 때문에 경연 대회에서 우승했어요.

우리가 계획을 아주 잘 짰기 때문에 그 파티는 성공적이었어요.

우리가 충분히 준비하지 않았기 때문에 발표는 좋지 않았어요.

Because절을 활용한 명언

Someone is sitting in the shade today because someone planted a tree a long time ago.

아주 오래 전에 누군가가 나무를 심었기 때문에 오늘 누군가가 그 그늘에 앉아 있다.

— Warren Buffett

생수다 연습 2

사진을 보고, 주어진 단어와 어구를 사용하여 우리말에 알맞은 영어 문장을 말해 보세요.

1

그녀가 저에게 윙크를 해서 저는 숨을 쉴 수 없었어요.

breathe, wink at

2

저는 아팠기 때문에 출근할 수 없었어요.

couldn't go, sick

3

저는 야근을 해야 했기 때문에 일찍 귀가할 수 없었어요.

early, work late

4

그녀가 우리와 함께해서 그 프로젝트는 잘 진행되었어요.

went well, joined

5

우리가 계획을 아주 잘 짰기 때문에 그 파티는 성공적이었어요.

successful, really well

1. I couldn't breathe because she winked at me. 2. I couldn't go to work because I was sick. 3. I couldn't go home early because I had to work late. 4. The project went well because she joined us. 5. The party was successful because we planned really well.

 조건을 나타내는 부사절로 문장 확장하기
I will have pasta with her if we have a date.

조건을 나타내는 부사절

▶ 접속사 if를 이용하여 '만약 ~한다면'의 의미로 조건을 나타낸다.

I will have pasta with her. 나는 그녀와 함께 파스타를 먹겠다.

→ I will have pasta with her **if we have a date**.
만약 우리가 데이트를 한다면 나는 그녀와 함께 파스타를 먹겠다.

● 조건을 나타내는 부사절로 문장 확장하기

You will be fired. → You will be fired **if you are late again**.
너는 해고될 것이다.   네가 또 늦으면 너는 해고될 것이다.

You can lose weight. → You can lose weight **if you exercise regularly**.
너는 살을 뺄 수 있다.   네가 주기적으로 운동을 하면 살을 뺄 수 있다.

 가정법 과거

▶ 가정법 과거는 접속사 if를 써서 현재 사실과 반대되는 일을 가정할 때 사용한다.

▶ 형태: 「주어 + 조동사의 과거형 + 동사원형 ~ + if + 주어 + 동사의 과거형 ~.」

I would buy a house **if** I had enough money.
내가 돈이 충분하다면 나는 집을 살텐데. (사실은 내가 돈이 충분하지 않으므로 집을 못 산다.)

오늘의 표현 10

 53

1	I will have pasta with her if we have a date.	우리가 데이트를 한다면 저는 그녀와 함께 파스타를 먹을 거예요.
2	You can lose weight if you exercise regularly.	당신이 주기적으로 운동을 하면 살을 뺄 수 있어요.
3	You will be fired if you are late again.	당신이 또 늦는다면 당신은 해고될 거예요.
4	Call me right away if she arrives.	그녀가 도착하면 바로 저에게 전화 주세요.
5	Let me know if you change your mind.	당신이 마음을 바꾸면 저에게 알려 주세요.
6	I would buy a car if I had enough money.	제가 돈이 충분하다면 차를 살 텐데요.
7	I would go on a trip if I could take the time off.	제가 휴가를 낼 수 있다면 여행을 갈 텐데요.
8	I would buy the tickets if you could go to the movies with me.	당신이 저와 함께 영화관에 갈 수 있다면 제가 표를 살 텐데요.
9	I would change the date if I had a choice.	저에게 선택권이 있다면 저는 날짜를 바꿀 텐데요.
10	I would be happy if I could see you again.	제가 당신을 다시 볼 수 있다면 저는 기분이 좋을 텐데요.

Target Words

have a date 데이트를 하다
regularly 주기적으로
enough 충분한
go to the movies 영화 보러 가다

lose weight 살을 빼다
be fired 해고되다
go on a trip 여행을 가다
date 날짜

exercise 운동하다
right away 바로, 당장, 즉시
time off 휴식, 휴가
choice 선택권

생수다 연습

우리말에 해당하는 영어 표현을 소리 내어 말해 보세요.

우리가 데이트를 한다면 저는 그녀와 함께 파스타를 먹을 거예요.

당신이 주기적으로 운동을 하면 살을 뺄 수 있어요.

당신이 또 늦는다면 당신은 해고될 거예요.

그녀가 도착하면 바로 저에게 전화 주세요.

당신이 마음을 바꾸면 저에게 알려 주세요.

제가 돈이 충분하다면 차를 살 텐데요.

제가 휴가를 낼 수 있다면 여행을 갈 텐데요.

당신이 저와 함께 영화관에 갈 수 있다면 제가 표를 살 텐데요.

저에게 선택권이 있다면 저는 날짜를 바꿀 텐데요.

제가 당신을 다시 볼 수 있다면 저는 기분이 좋을 텐데요.

if절을 활용한 명언

If not me, who? And if not now, when?

내가 아니면 누가? 지금이 아니면 언제?

- Mikhail Gorbachev

생수다 연습 2

사진을 보고, 문장을 완성하여 말해 보세요.

1

with her / I will have pasta / if we have a date.

2

if you exercise regularly. / lose weight / You can

3

be fired / You will / if you are late again.

4

if I had enough money. / buy a car / I would

5

if I could take the time off. / go on a trip / I would

1. I will have pasta with her if we have a date. 2. You can lose weight if you exercise regularly. 3. You will be fired if you are late again. 4. I would buy a car if I had enough money. 5. I would go on a trip if I could take the time off.

UNIT 54 목적이나 결과를 나타내는 부사절로 문장 확장하기 | I patted the chair next to me so that she would sit down.

1 목적을 나타내는 부사절

▶ so that을 이용하여 '~할 수 있도록, ~하기 위해서'라는 의미로 목적을 나타낸다.

I will explain it. 내가 그것을 설명하겠다.

→ I will explain it **so that you can understand**.
   네가 이해할 수 있도록 내가 그것을 설명하겠다.

2 결과를 나타내는 부사절

▶ 「so + 형용사/부사 + that …」을 이용하여 '너무 ~해서 …하다'라는 의미로 결과를 나타낸다.

It was so hot. 너무 더웠다.

→ It was **so hot that we had to turn on the air conditioner**.
   너무 더워서 우리는 에어컨을 켜야 했다.

● 목적이나 결과를 나타내는 부사절로 문장 확장하기

Have a seat. → Have a seat **so that we can talk**.
앉아라.   우리가 이야기를 하게 앉아라.

He worked hard. → He worked **so hard that he won the competition**.
그는 열심히 일했다.   그는 아주 열심히 해서 경연 대회에서 우승했다.

It was so dark. → It was **so dark that I had to add a new light**.
너무 어두웠다.   너무 어두워서 나는 새 전등을 추가해야 했다.

오늘의 표현 10

 54

1	I patted the chair next to me so that she would sit down.	저는 그녀가 앉도록 제 옆의 의자를 톡톡 쳤어요.
2	Have a seat so that we can talk.	이야기를 하게 자리에 앉으세요.
3	Let me turn off the lights so that you can see the screen better.	당신이 스크린을 더 잘 볼 수 있도록 제가 불을 끌게요.
4	I will explain it again so that you can understand.	당신이 이해하도록 제가 그것을 다시 설명할게요.
5	Write it down so that you don't forget.	당신이 잊지 않도록 그것을 적어 두세요.
6	He worked so hard that he finished everything in time.	그는 열심히 일해서 모든 것을 제시간에 끝냈어요.
7	The product was so popular that lots of people bought it.	그 상품은 아주 인기가 많아서 많은 사람들이 그것을 샀어요.
8	She was so wise that she prepared for many options.	그녀는 매우 현명해서 많은 선택 사항을 준비했어요.
9	It was so hot that we had to turn on the air conditioner.	날씨가 너무 더워서 우리는 에어컨을 켜야 했어요.
10	It was so dark that I had to add a new light.	너무 어두워서 저는 새 전등을 추가해야 했어요.

Target Words

pat 톡톡 치다, (가볍게) 토닥이다, 두드리다
turn off (전원을) 끄다
product 상품
option 선택 사항
next to ~ 옆에
forget ~을 잊다, 잊어버리다
popular 인기 있는, 인기가 많은
turn on (전원을) 켜다
have a seat (자리에) 앉다
in time 제시간에
wise 현명한
air conditioner 에어컨

생수다 연습

우리말에 해당하는 영어 표현을 소리 내어 말해 보세요.

저는 그녀가 앉도록 제 옆의 의자를 톡톡 쳤어요.

이야기를 하게 자리에 앉으세요.

당신이 스크린을 더 잘 볼 수 있도록 제가 불을 끌게요.

당신이 이해하도록 제가 그것을 다시 설명할게요.

당신이 잊지 않도록 그것을 적어 두세요.

그는 열심히 일해서 모든 것을 제시간에 끝냈어요.

그 상품은 아주 인기가 많아서 많은 사람들이 그것을 샀어요.

그녀는 매우 현명해서 많은 선택 사항을 준비했어요.

날씨가 너무 더워서 우리는 에어컨을 켜야 했어요.

너무 어두워서 저는 새 전등을 추가해야 했어요.

---

so that절을 활용한 명언

The world is round so that friendship may encircle it.

우정이 지구를 감쌀 수 있게 지구는 둥글다.

- Pierre Teilhard de Chardin

생수다 연습 2

사진을 보고, 주어진 단어와 어구를 사용하여 우리말에 알맞은 영어 문장을 말해 보세요.

1

이야기를 하게 자리에 앉으세요.
seat, so that

2

당신이 이해하도록 제가 그것을 다시 설명할게요.
explain, so that

3

당신이 잊지 않도록 그것을 적어 두세요.
so that, forget

4

날씨가 너무 더워서 우리는 에어컨을 켜야 했어요.
so hot, turn on

5

너무 어두워서 저는 새 전등을 추가해야 했어요.
so dark that

1. Have a seat so that we can talk. 2. I will explain it again so that you can understand. 3. Write it down so that you don't forget. 4. It was so hot that we had to turn on the air conditioner. 5. It was so dark that I had to add a new light.

UNIT 55 Review

우리말을 영어로 소리 내어 말해 보고, 말할 때마다 ■에 √표 해 보세요.

1회 2회 3회

1 제가 그녀를 보았을 때 제 심장이 마구 뛰었어요.

2 저는 그 소식을 들었을 때 충격을 받았어요.

3 그가 경연 대회에서 우승했을 때 그는 기분이 좋았어요.

4 비가 오자 그녀는 기분이 울적했어요.

5 그녀는 그 결과를 들었을 때 기뻐서 환호했어요.

6 나가시면서 불을 끄세요.

7 그녀가 준비를 할 때 그는 앉아서 그녀를 보고 있었어요.

8 그가 청소를 하는 동안 저는 빨래를 하고 있었어요.

9 당신이 저녁을 준비하는 동안 저는 아기를 돌보고 있을게요.

10 제가 책상을 정리하는 동안 이 사진들을 찾았어요.

11 그녀가 저에게 윙크를 해서 저는 숨을 쉴 수 없었어요.

12 저는 아팠기 때문에 출근할 수 없었어요.

13 저는 배불러서 더 이상 먹을 수 없었어요.

14 저는 신이 나서 잠을 잘 수 없었어요.

15 저는 야근을 해야 했기 때문에 일찍 귀가할 수 없었어요.

16 그녀가 우리와 함께해서 그 프로젝트는 잘 진행되었어요.

17 기술적인 문제가 있어서 그 항공편이 지연되었어요.

18 우리는 열심히 했기 때문에 경연 대회에서 우승했어요.

19 우리가 계획을 아주 잘 짰기 때문에 그 파티는 성공적이었어요.

20 우리가 충분히 준비하지 않았기 때문에 발표는 좋지 않았어요.

		1회	2회	3회
21	우리가 데이트를 한다면 저는 그녀와 함께 파스타를 먹을 거예요.	☐	☐	☐
22	당신이 주기적으로 운동을 하면 살을 뺄 수 있어요.	☐	☐	☐
23	당신이 또 늦는다면 당신은 해고될 거예요.	☐	☐	☐
24	그녀가 도착하면 바로 저에게 전화 주세요.	☐	☐	☐
25	당신이 마음을 바꾸면 저에게 알려 주세요.	☐	☐	☐
26	제가 돈이 충분하다면 차를 살 텐데요.	☐	☐	☐
27	제가 휴가를 낼 수 있다면 여행을 갈 텐데요.	☐	☐	☐
28	당신이 저와 함께 영화관에 갈 수 있다면 제가 표를 살 텐데요.	☐	☐	☐
29	저에게 선택권이 있다면 저는 날짜를 바꿀 텐데요.	☐	☐	☐
30	제가 당신을 다시 볼 수 있다면 저는 기분이 좋을 텐데요.	☐	☐	☐
31	저는 그녀가 앉도록 제 옆의 의자를 톡톡 쳤어요.	☐	☐	☐
32	이야기를 하게 자리에 앉으세요.	☐	☐	☐
33	당신이 스크린을 더 잘 볼 수 있도록 제가 불을 끌게요.	☐	☐	☐
34	당신이 이해하도록 제가 그것을 다시 설명할게요.	☐	☐	☐
35	당신이 잊지 않도록 그것을 적어 두세요.	☐	☐	☐
36	그는 열심히 일해서 모든 것을 제시간에 끝냈어요.	☐	☐	☐
37	그 상품은 아주 인기가 많아서 많은 사람들이 그것을 샀어요.	☐	☐	☐
38	그녀는 매우 현명해서 많은 선택 사항을 준비했어요.	☐	☐	☐
39	날씨가 너무 더워서 우리는 에어컨을 켜야 했어요.	☐	☐	☐
40	너무 어두워서 저는 새 전등을 추가해야 했어요.	☐	☐	☐

UNIT 55 Review

앞에서 말한 영어 문장을 확인해 보세요.

1 제가 그녀를 보았을 때 제 심장이 마구 뛰었어요. — My heart skipped a beat when I saw her.
2 저는 그 소식을 들었을 때 충격을 받았어요. — I was shocked when I heard the news.
3 그가 경연 대회에서 우승했을 때 그는 기분이 좋았어요. — He was happy when he won the competition.
4 비가 오자 그녀는 기분이 울적했어요. — She felt sad when it rained.
5 그녀는 그 결과를 들었을 때 기뻐서 환호했어요. — She shouted for joy when she got the results.
6 나가시면서 불을 끄세요. — Turn off the light as you leave.
7 그녀가 준비를 할 때 그는 앉아서 그녀를 보고 있었어요. — He sat watching her as she got ready.
8 그가 청소를 하는 동안 저는 빨래를 하고 있었어요. — I was doing the laundry while he was cleaning.
9 당신이 저녁을 준비하는 동안 저는 아기를 돌보고 있을게요. — I will look after the baby while you prepare dinner.
10 제가 책상을 정리하는 동안 이 사진들을 찾았어요. — I found these photos while I was cleaning my desk.
11 그녀가 저에게 윙크를 해서 저는 숨을 쉴 수 없었어요. — I couldn't breathe because she winked at me.
12 저는 아팠기 때문에 출근할 수 없었어요. — I couldn't go to work because I was sick.
13 저는 배불러서 더 이상 먹을 수 없었어요. — I couldn't eat more because I was full.
14 저는 신이 나서 잠을 잘 수 없었어요. — I couldn't sleep because I was excited.
15 저는 야근을 해야 했기 때문에 일찍 귀가할 수 없었어요. — I couldn't go home early because I had to work late.
16 그녀가 우리와 함께해서 그 프로젝트는 잘 진행되었어요. — The project went well because she joined us.
17 기술적인 문제가 있어서 그 항공편이 지연되었어요. — The flight was delayed because there were technical issues.
18 우리는 열심히 했기 때문에 경연 대회에서 우승했어요. — We won the competition because we worked hard.
19 우리가 계획을 아주 잘 짰기 때문에 그 파티는 성공적이었어요. — The party was successful because we planned really well.
20 우리가 충분히 준비하지 않았기 때문에 발표는 좋지 않았어요. — The presentation wasn't good because we didn't prepare enough.

21	우리가 데이트를 한다면 저는 그녀와 함께 파스타를 먹을 거예요.	I will have pasta with her if we have a date.
22	당신이 주기적으로 운동을 하면 살을 뺄 수 있어요.	You can lose weight if you exercise regularly.
23	당신이 또 늦는다면 당신은 해고될 거예요.	You will be fired if you are late again.
24	그녀가 도착하면 바로 저에게 전화 주세요.	Call me right away if she arrives.
25	당신이 마음을 바꾸면 저에게 알려 주세요.	Let me know if you change your mind.
26	제가 돈이 충분하다면 차를 살 텐데요.	I would buy a car if I had enough money.
27	제가 휴가를 낼 수 있다면 여행을 갈 텐데요.	I would go on a trip if I could take the time off.
28	당신이 저와 함께 영화관에 갈 수 있다면 제가 표를 살 텐데요.	I would buy the tickets if you could go to the movies with me.
29	저에게 선택권이 있다면 저는 날짜를 바꿀 텐데요.	I would change the date if I had a choice.
30	제가 당신을 다시 볼 수 있다면 저는 기분이 좋을 텐데요.	I would be happy if I could see you again.
31	저는 그녀가 앉도록 제 옆의 의자를 톡톡 쳤어요.	I patted the chair next to me so that she would sit down.
32	이야기를 하게 자리에 앉으세요.	Have a seat so that we can talk.
33	당신이 스크린을 더 잘 볼 수 있도록 제가 불을 끌게요.	Let me turn off the lights so that you can see the screen better.
34	당신이 이해하도록 제가 그것을 다시 설명할게요.	I will explain it again so that you can understand.
35	당신이 잊지 않도록 그것을 적어 두세요.	Write it down so that you don't forget.
36	그는 열심히 일해서 모든 것을 제시간에 끝냈어요.	He worked so hard that he finished everything in time.
37	그 상품은 아주 인기가 많아서 많은 사람들이 그것을 샀어요.	The product was so popular that lots of people bought it.
38	그녀는 매우 현명해서 많은 선택 사항을 준비했어요.	She was so wise that she prepared for many options.
39	날씨가 너무 더워서 우리는 에어컨을 켜야 했어요.	It was so hot that we had to turn on the air conditioner.
40	너무 어두워서 저는 새 전등을 추가해야 했어요.	It was so dark that I had to add a new light.

"나만의 착각이었어!"

My heart skipped a beat when I saw her.

I couldn't breathe because she winked at me.

I will have pasta with her if we have a date.

I patted the chair next to me so that she would sit down.

QR코드로 대표 문장이 담긴 노래를 들으실 수 있습니다.

WEEK 12 관계대명사로 문장 확장

관계대명사가 이끄는 절을 추가하여
문장을 확장하고 그 뜻을 풍부하게 할 수 있다.

Unit 56 관계대명사 who로 문장 확장하기

Unit 57 관계대명사 which로 문장 확장하기

Unit 58 관계대명사 that으로 문장 확장하기

Unit 59 관계대명사 what으로 문장 확장하기

Unit 60 Review

UNIT 56 관계대명사 who로 문장 확장하기
The man who is wearing a black shirt is looking at me.

1 관계대명사

▶ 관계대명사: 대명사처럼 앞에서 나온 명사를 대신하면서 접속사처럼 두 문장을 이어 주는 말이다.

▶ 쓰임: 두 문장을 한 문장으로 연결할 때, 두 문장에서 공통되는 부분을 대신하여 하나의 문장으로 연결시키는 역할을 한다.

▶ 선행사는 관계대명사 앞에서 관계대명사절의 수식을 받는 명사이다.

2 관계대명사 who

▶ 연결하려는 두 문장의 공통되는 부분이 사람이면 관계대명사 who를 사용한다.

This is the person. He can lead us.
→ This is the person who can lead us. 이 분은 우리를 이끌 수 있는 분이다.

The girl is my sister. She is singing.
→ The girl who is singing is my sister. 노래 부르고 있는 그 여자아이는 내 여동생이다.

● 관계대명사 who로 문장 확장하기

This is the singer. She will be in the concert.
→ This is the singer who will be in the concert. 이 분이 콘서트에 나올 가수이다.

The lady is my boss. She is sitting there.
→ The lady who is sitting there is my boss. 저기 앉아 있는 그 여성은 내 상사이다.

The boy is my brother. He is running.
→ The boy who is running is my brother. 달리고 있는 그 남자아이는 내 남동생이다.

오늘의 표현 10

🎧 56

1	This is the person who can lead us.	이 분이 우리를 이끌 수 있는 분이에요.
2	This is the technician who can fix the copier.	이 분이 그 복사기를 고칠 수 있는 기사예요.
3	This is the manager who can organize the project.	이 분이 그 프로젝트를 조직할 수 있는 매니저예요.
4	This is the singer who will be in the concert.	이 분이 그 콘서트에 나올 가수예요.
5	This is the actor who will take the lead role.	이 분이 주연을 맡을 배우예요.
6	The girl who is wearing a red cap is my sister.	빨간 모자를 쓰고 있는 저 여자아이가 제 여동생이에요.
7	The lady who is wearing a black dress is looking at me.	검정 원피스를 입고 있는 저 여성이 저를 보고 있어요.
8	The man who is sitting in the lobby is our client.	로비에 앉아 있는 저 남자가 우리 고객이에요.
9	The woman who is on the phone is my colleague.	전화 통화를 하고 있는 저 여자가 제 동료예요.
10	The people who are outside are going to join us.	밖에 있는 사람들이 우리와 합류할 예정이에요.

📖 Target Words

lead 이끌다, 안내하다, 인솔하다
copier 복사기
wear (옷·모자 등을) 입다, 쓰다
on the phone (전화) 통화 중인

technician 기사, 기술자
organize 조직하다, 구성하다
lady 여성, 숙녀
colleague 동료

fix 고치다
lead role 주연
client 고객
outside 밖에(서)

Unit 56

생수다 연습

우리말에 해당하는 영어 표현을 소리 내어 말해 보세요.

이 분이 우리를 이끌 수 있는 분이에요. _____

이 분이 그 복사기를 고칠 수 있는 기사예요. _____

이 분이 그 프로젝트를 조직할 수 있는 매니저예요. _____

이 분이 그 콘서트에 나올 가수예요. _____

이 분이 주연을 맡을 배우예요. _____

빨간 모자를 쓰고 있는 저 여자아이가 제 여동생이에요. _____

검정 원피스를 입고 있는 저 여성이 저를 보고 있어요. _____

로비에 앉아 있는 저 남자가 우리 고객이에요. _____

전화 통화를 하고 있는 저 여자가 제 동료예요. _____

밖에 있는 사람들이 우리와 합류할 예정이에요. _____

관계대명사 who절을 활용한 명언

The only man who never makes a mistake is the man who never does anything.

실수를 전혀 하지 않는 유일한 사람은 아무것도 하지 않는 사람이다.
(아무것도 하지 않는 자만이 실수를 하지 않는다.)

- Theodore Roosevelt

생수다 연습 2

사진을 보고, 문장을 완성하여 말해 보세요.

who can lead us. / the person / This is

This is / who can fix the copier. / the technician

the actor / This is / who will take the lead role.

who is sitting in the lobby / The man / is our client.

is my colleague. / who is on the phone / The woman

1. This is the person who can lead us. 2. This is the technician who can fix the copier. 3. This is the actor who will take the lead role. 4. The man who is sitting in the lobby is our client. 5. The woman who is on the phone is my colleague.

UNIT 57 관계대명사 which로 문장 확장하기
She wants to have dinner together, which is wonderful.

1 관계대명사의 제한적 용법과 계속적 용법

	제한적 용법	계속적 용법
형태	선행사를 한정 수식한다.	선행사를 추가 설명한다.
특징	관계대명사 앞에 콤마(,) 없이 사용한다. I went to the party **which** I wanted to go to. 나는 가고 싶었던 파티에 갔다.	관계대명사 앞에 콤마(,)가 있다. I went to the party, **which** was a great idea. 나는 파티에 갔는데, 그것이 좋은 생각이었다.

2 관계대명사 which

▶ 연결하려는 두 문장의 공통되는 부분이 사물이면 관계대명사 **which**를 사용한다.

This is the bag. I bought it. ➡ This is the bag **which** I bought.
이것은 내가 샀던 가방이다.

▶ 앞 문장의 일부나 전체를 추가 설명하는 계속적 용법의 관계대명사를 쓸 때 **which**를 사용할 수 있다.

He was late again. It was terrible.
➡ He was late again, **which was terrible**. 그가 또 늦었는데, 그것은 지긋지긋했다.

● 관계대명사 which로 문장 확장하기

This is the show. It is popular.
➡ This is the show **which is popular**. 이것은 인기 있는 쇼이다.

This is the answer. It is common.
➡ This is the answer **which is common**. 이것은 보편적인 답이다.

He won the game. It was wonderful.
➡ He won the game, **which was wonderful**. 그가 그 경기를 이겼는데, 그것은 정말 좋았다.

오늘의 표현 10 🎧 57

1	This is the bag which my friend bought.	이것은 제 친구가 산 가방이에요.
2	This is the show which is popular.	이것은 인기 있는 쇼예요.
3	These are the books which belong to the firm.	이것들은 회사의 책이에요.
4	This is the plan which will work well.	이것이 효과적인 계획이에요.
5	This is the answer which is common.	이것이 보편적인 답이에요.
6	She wants to have dinner together, which is wonderful.	그녀가 같이 저녁 먹기를 원하는데, 그것이 아주 좋아요.
7	He was late again, which was terrible.	그가 또 늦었는데, 그것은 지긋지긋했어요.
8	She cooked dinner for us, which was really nice.	그녀가 우리를 위해 저녁을 요리했는데, 그것은 정말 좋았어요.
9	They won the competition, which was a surprise.	그들이 경연 대회에서 우승했는데, 그것은 뜻밖이었어요.
10	He offered some alternative ideas, which were great suggestions.	그가 몇 가지 대안을 제시했는데, 그것들은 훌륭한 제안이었어요.

📖 Target Words

buy 사다 (과거형 bought)
firm 회사
together 함께
offer 제안하다, 제의하다

popular 인기 있는, 대중적인
work well 잘 작동하다, 효과적이다
terrible 지긋지긋한, 끔찍한, 아주 나쁜
alternative 대신하는, 대신의

belong to ~의 것이다, ~에 속하다
common 보편적인, 흔한
surprise 놀라운 일, 뜻밖의 일
suggestion 제안

생수다 연습

우리말에 해당하는 영어 표현을 소리 내어 말해 보세요.

이것은 제 친구가 산 가방이에요.

이것은 인기 있는 쇼예요.

이것들은 회사의 책이에요.

이것이 효과적인 계획이에요.

이것이 보편적인 답이에요.

그녀가 같이 저녁 먹기를 원하는데,
그것이 아주 좋아요.

그가 또 늦었는데, 그것은 지긋지긋했어요.

그녀가 우리를 위해 저녁을 요리했는데,
그것은 정말 좋았어요.

그들이 경연 대회에서 우승했는데,
그것은 뜻밖이었어요.

그가 몇 가지 대안을 제시했는데,
그것들은 훌륭한 제안이었어요.

관계대명사 which절을 활용한 명언

**Life is an aggregate of experience,
which continually surprises us.**

삶은 경험의 총합이며, 그것이 우리를 계속 놀라게 한다.

― Ron Carlson

생수다 연습 2

사진을 보고, 주어진 단어와 어구를 사용하여 우리말에 알맞은 영어 문장을 말해 보세요.

1

이것은 제 친구가 산 가방이에요.

this, the bag which

2

이것은 인기 있는 쇼예요.

this, the show which

3

이것들은 회사의 책이에요.

these, the books which

4

그녀가 같이 저녁 먹기를 원하는데, 그것이 아주 좋아요.

which, wonderful

5

그들이 경연 대회에서 우승했는데, 그것은 뜻밖이었어요.

competition, which was

1. This is the bag which my friend bought. 2. This is the show which is popular. 3. These are the books which belong to the firm. 4. She wants to have dinner together, which is wonderful. 5. They won the competition, which was a surprise.

UNIT 58 관계대명사 that으로 문장 확장하기
This is something that I've been dreaming of.

관계대명사 that

▶ 연결하려는 두 문장의 공통되는 부분이 사람과 사물, 혹은 사람과 동물일 경우 사용한다.

Look at the boy and his dog. They are walking over there.
→ Look at the boy and his dog **that** are walking over there.
저기서 산책하고 있는 남자아이와 그의 개를 보아라.

▶ 관계대명사 who와 which 대신 that을 사용할 수 있다.

This is the movie. I want to see it.
→ This is the movie **that** I want to see. 이것은 내가 보고 싶은 영화이다.
　　　　　　= which

▶ 선행사 앞에 최상급, 서수, the only, the very 등이 올 때 관계대명사 that을 사용한다.

This is the first time **that** I've eaten here. 이번이 제가 여기서 처음 먹는 것이다.

● 관계대명사 that으로 문장 확장하기

This is the car. I want to get it.
→ This is the car **that** I want to get. 이것은 내가 사고 싶은 자동차이다.

This is the jacket. I want to buy it.
→ This is the jacket **that** I want to buy. 이것은 내가 사고 싶은 재킷이다.

This is the last time. I'll go there.
→ This is the last time **that** I'll go there. 이번이 제가 거기를 마지막으로 가는 것이다.

오늘의 표현 10

1	This is the movie that I want to see.	이것은 제가 보고 싶은 영화예요.
2	That is a place that I want to go.	저곳은 제가 가고 싶은 곳이에요.
3	That is the thing that I wanted to say.	저것은 제가 말하고 싶은 것이에요.
4	This is the jacket that I want to buy.	이것은 제가 사고 싶은 재킷이에요.
5	This is something that I've been dreaming of.	이것은 제가 꿈꿔 오던 거예요.
6	This is the first time that I've eaten here.	이번이 제가 여기서 처음 먹는 거예요.
7	This is the last time that I'll go there.	이번이 제가 거기를 마지막으로 가는 거예요.
8	That was the funniest movie that I've ever seen.	저것은 제가 본 것 중에서 가장 웃긴 영화였어요.
9	This is the best sale that I've ever made.	이번이 지금까지 제가 판 것 중에서 가장 많이 판 거예요.
10	This is the best pizza that I've eaten.	이것은 제가 먹어 본 것 중에서 가장 맛있는 피자예요.

Target Words

place 장소, 곳
dream of ~을 꿈꾸다
the last time 마지막 (번째)
sale 판매, 매출

thing 사물, 것
the first time 첫 번째
the funniest 가장 재미있는
make a sale 판매하다

jacket 재킷, 상의
eat 먹다 (과거분사형 eaten)
see 보다 (과거분사형 seen)
best 가장 좋은, 최고의

생수다 연습

우리말에 해당하는 영어 표현을 소리 내어 말해 보세요.

이것은 제가 보고 싶은 영화예요.

저곳은 제가 가고 싶은 곳이에요.

저것은 제가 말하고 싶은 것이에요.

이것은 제가 사고 싶은 재킷이에요.

이것은 제가 꿈꿔 오던 거예요.

이번이 제가 여기서 처음 먹는 거예요.

이번이 제가 거기를 마지막으로 가는 거예요.

저것은 제가 본 것 중에서 가장 웃긴 영화였어요.

이번이 지금까지 제가 판 것 중에서 가장 많이 판 거예요.

이것은 제가 먹어 본 것 중에서 가장 맛있는 피자예요.

관계대명사 that절을 활용한 명언

I'm grateful for all the experiences that I've had.

나는 내가 겪었던 모든 경험에 대해 감사하다.

— Laura Benanti

생수다 연습 2

사진을 보고, 문장을 완성하여 말해 보세요.

1

That is / that I want to go. / a place

_____

2

the jacket / This is / that I want to buy.

_____

3

This is / that I've been dreaming of. / something

_____

4

This is / that I've eaten here. / the first time

_____

5

the best pizza / This is / that I've eaten.

_____

1. That is a place that I want to go. 2. This is the jacket that I want to buy. 3. This is something that I've been dreaming of. 4. This is the first time that I've eaten here. 5. This is the best pizza that I've eaten.

관계대명사 what으로 문장 확장하기
This is what I want to do!

관계대명사 what

▶ 관계대명사 what은 그 자체에 선행사를 포함하고 있으므로 앞에 선행사를 따로 쓰지 않는다.

▶ 관계대명사 what은 '~하는 것'이라는 의미로 주어, 목적어, 보어로 쓰인다.

This is the thing. I can offer it.
→ This is **what I can offer**. 이것이 내가 제공할 수 있는 것이다.

I will do the things. I like them.
→ I will do **what I like**. 나는 내가 좋아하는 것을 할 것이다.

● 관계대명사 what으로 문장 확장하기

That is the thing. I mean it.
→ That is **what I mean**. 저것이 내가 뜻하는 것이다.

She gave me the things. She had them.
→ She gave me **what she had**. 그녀는 그녀가 가진 것을 나에게 주었다.

오늘의 표현 10

🎧 59

1	This is what I want to do!	이것은 제가 하고 싶은 것이에요!
2	That is what I mean.	저것이 제가 뜻하는 것이에요.
3	This is what I can offer.	이것은 제가 제공할 수 있는 것이에요.
4	That is what I want to get.	저것은 제가 받기 원하는 것이에요.
5	This is exactly what I had in mind.	이것은 제가 마음에 두었던 바로 그것이에요.
6	Tell me what you saw in Europe.	저에게 당신이 유럽에서 본 것을 말해 주세요.
7	I will do what I like.	저는 제가 하고 싶은 것을 할 거예요.
8	She gave me what she had.	그녀는 자신이 가지고 있던 것을 저에게 주었어요.
9	Show me what's in your pocket.	당신 주머니에 있는 것을 저에게 보여 주세요.
10	I totally understand what you're trying to say.	저는 당신이 말하려는 것을 모두 이해해요.

📖 Target Words

mean ~을 뜻하다, ~을 의미하다
exactly 정확히, 꼭, 바로
see 보다 (과거형 saw)
pocket 주머니

offer 제공하다, 제시하다
have in mind ~을 염두[마음]에 두다
give 주다 (과거형 gave)
totally 완전히, 전적으로, 모두

get 받다, 얻다
tell 말하다
show 보여 주다
understand 이해하다

Unit 59

생수다 연습

우리말에 해당하는 영어 표현을 소리 내어 말해 보세요.

이것은 제가 하고 싶은 것이에요!

저것이 제가 뜻하는 것이에요.

이것은 제가 제공할 수 있는 것이에요.

저것은 제가 받기 원하는 것이에요.

이것은 제가 마음에 두었던 바로 그것이에요.

저에게 당신이 유럽에서 본 것을 말해 주세요.

저는 제가 하고 싶은 것을 할 거예요.

그녀는 자신이 가지고 있던 것을 저에게 주었어요.

당신 주머니에 있는 것을 저에게 보여 주세요.

저는 당신이 말하려는 것을 모두 이해해요.

관계대명사 what절을 활용한 명언

This is what I learned: that everybody is talented, original and has something important to say.

이것이 내가 배운 것이다. 모든 사람은 재능이 있고, 독창적이며, 중요한 이야깃거리가 있다는 것이다.

— Brenda Ueland

생수다 연습 2

사진을 보고, 주어진 단어와 어구를 사용하여 우리말에 알맞은 영어 문장을 말해 보세요.

이것은 제가 하고 싶은 것이에요!

what, do

저것은 제가 받기 원하는 것이에요.

what, get

이것은 제가 마음에 두었던 바로 그것이에요.

exactly what, in mind

저에게 당신이 유럽에서 본 것을 말해 주세요.

Tell, what

저는 당신이 말하려는 것을 모두 이해해요.

totally understand, what

1. This is what I want to do! 2. That is what I want to get. 3. This is exactly what I had in mind. 4. Tell me what you saw in Europe. 5. I totally understand what you're trying to say.

UNIT 60 Review

우리말을 영어로 소리 내어 말해 보고, 말할 때마다 ■에 √표 해 보세요.

1 이 분이 우리를 이끌 수 있는 분이에요.
2 이 분이 그 복사기를 고칠 수 있는 기사예요.
3 이 분이 그 프로젝트를 조직할 수 있는 매니저예요.
4 이 분이 그 콘서트에 나올 가수예요.
5 이 분이 주연을 맡을 배우예요.
6 빨간 모자를 쓰고 있는 저 여자아이가 제 여동생이에요.
7 검정 원피스를 입고 있는 저 여성이 저를 보고 있어요.
8 로비에 앉아 있는 저 남자가 우리 고객이에요.
9 전화 통화를 하고 있는 저 여자가 제 동료예요.
10 밖에 있는 사람들이 우리와 합류할 예정이에요.
11 이것은 제 친구가 산 가방이에요.
12 이것은 인기 있는 쇼예요.
13 이것들은 회사의 책이에요.
14 이것이 효과적인 계획이에요.
15 이것이 보편적인 답이에요.
16 그녀가 같이 저녁 먹기를 원하는데, 그것이 아주 좋아요.
17 그가 또 늦었는데, 그것은 지긋지긋했어요.
18 그녀가 우리를 위해 저녁을 요리했는데, 그것은 정말 좋았어요.
19 그들이 경연 대회에서 우승했는데, 그것은 뜻밖이었어요.
20 그가 몇 가지 대안을 제시했는데, 그것들은 훌륭한 제안이었어요.

		1회	2회	3회
21	이것은 제가 보고 싶은 영화예요.	■	■	■
22	저곳은 제가 가고 싶은 곳이에요.	■	■	■
23	저것은 제가 말하고 싶은 것이에요.	■	■	■
24	이것은 제가 사고 싶은 재킷이에요.	■	■	■
25	이것은 제가 꿈꿔 오던 거예요.	■	■	■
26	이번이 제가 여기서 처음 먹는 거예요.	■	■	■
27	이번이 제가 거기를 마지막으로 가는 거예요.	■	■	■
28	저것은 제가 본 것 중에서 가장 웃긴 영화였어요.	■	■	■
29	이번이 지금까지 제가 판 것 중에서 가장 많이 판 거예요.	■	■	■
30	이것은 제가 먹어 본 것 중에서 가장 맛있는 피자예요.	■	■	■
31	이것은 제가 하고 싶은 것이에요!	■	■	■
32	저것이 제가 뜻하는 것이에요.	■	■	■
33	이것은 제가 제공할 수 있는 것이에요.	■	■	■
34	저것은 제가 받기 원하는 것이에요.	■	■	■
35	이것은 제가 마음에 두었던 바로 그것이에요.	■	■	■
36	저에게 당신이 유럽에서 본 것을 말해 주세요.	■	■	■
37	저는 제가 하고 싶은 것을 할 거예요.	■	■	■
38	그녀는 자신이 가지고 있던 것을 저에게 주었어요.	■	■	■
39	당신 주머니에 있는 것을 저에게 보여 주세요.	■	■	■
40	저는 당신이 말하려는 것을 모두 이해해요.	■	■	■

Review

앞에서 말한 영어 문장을 확인해 보세요.

1 이 분이 우리를 이끌 수 있는 분이에요. — This is the person who can lead us.
2 이 분이 그 복사기를 고칠 수 있는 기사예요. — This is the technician who can fix the copier.
3 이 분이 그 프로젝트를 조직할 수 있는 매니저예요. — This is the manager who can organize the project.
4 이 분이 그 콘서트에 나올 가수예요. — This is the singer who will be in the concert.
5 이 분이 주연을 맡을 배우예요. — This is the actor who will take the lead role.
6 빨간 모자를 쓰고 있는 저 여자아이가 제 여동생이에요. — The girl who is wearing a red cap is my sister.
7 검정 원피스를 입고 있는 저 여성이 저를 보고 있어요. — The lady who is wearing a black dress is looking at me.
8 로비에 앉아 있는 저 남자가 우리 고객이에요. — The man who is sitting in the lobby is our client.
9 전화 통화를 하고 있는 저 여자가 제 동료예요. — The woman who is on the phone is my colleague.
10 밖에 있는 사람들이 우리와 합류할 예정이에요. — The people who are outside are going to join us.
11 이것은 제 친구가 산 가방이에요. — This is the bag which my friend bought.
12 이것은 인기 있는 쇼예요. — This is the show which is popular.
13 이것들은 회사의 책이에요. — These are the books which belong to the firm.
14 이것이 효과적인 계획이에요. — This is the plan which will work well.
15 이것이 보편적인 답이에요. — This is the answer which is common.
16 그녀가 같이 저녁 먹기를 원하는데, 그것이 아주 좋아요. — She wants to have dinner together, which is wonderful.
17 그가 또 늦었는데, 그것은 지긋지긋했어요. — He was late again, which was terrible.
18 그녀가 우리를 위해 저녁을 요리했는데, 그것은 정말 좋았어요. — She cooked dinner for us, which was really nice.
19 그들이 경연 대회에서 우승했는데, 그것은 뜻밖이었어요. — They won the competition, which was a surprise.
20 그가 몇 가지 대안을 제시했는데, 그것들은 훌륭한 제안이었어요. — He offered some alternative ideas, which were great suggestions.

21	이것은 제가 보고 싶은 영화예요.	This is the movie that I want to see.
22	저곳은 제가 가고 싶은 곳이에요.	That is a place that I want to go.
23	저것은 제가 말하고 싶은 것이에요.	That is the thing that I wanted to say.
24	이것은 제가 사고 싶은 재킷이에요.	This is the jacket that I want to buy.
25	이것은 제가 꿈꿔 오던 거예요.	This is something that I've been dreaming of.
26	이번이 제가 여기서 처음 먹는 거예요.	This is the first time that I've eaten here.
27	이번이 제가 거기를 마지막으로 가는 거예요.	This is the last time that I'll go there.
28	저것은 제가 본 것 중에서 가장 웃긴 영화였어요.	That was the funniest movie that I've ever seen.
29	이번이 지금까지 제가 판 것 중에서 가장 많이 판 거예요.	This is the best sale that I've ever made.
30	이것은 제가 먹어 본 것 중에서 가장 맛있는 피자예요.	This is the best pizza that I've eaten.
31	이것은 제가 하고 싶은 것이에요!	This is what I want to do!
32	저것이 제가 뜻하는 것이에요.	That is what I mean.
33	이것은 제가 제공할 수 있는 것이에요.	This is what I can offer.
34	저것은 제가 받기 원하는 것이에요.	That is what I want to get.
35	이것은 제가 마음에 두었던 바로 그것이에요.	This is exactly what I had in mind.
36	저에게 당신이 유럽에서 본 것을 말해 주세요.	Tell me what you saw in Europe.
37	저는 제가 하고 싶은 것을 할 거예요.	I will do what I like.
38	그녀는 자신이 가지고 있던 것을 저에게 주었어요.	She gave me what she had.
39	당신 주머니에 있는 것을 저에게 보여 주세요.	Show me what's in your pocket.
40	저는 당신이 말하려는 것을 모두 이해해요.	I totally understand what you're trying to say.

"한여름 밤의 꿈"

This is what I want to do!

The man who is wearing a black shirt is looking at me.

She wants to have dinner together, which is wonderful.

This is something that I've been dreaming of.

QR코드로 대표 문장이 담긴 노래를 들으실 수 있습니다.

수량 형용사

수 셀 수 있는 복수 명사 앞	양 셀 수 없는 단수 명사 앞	수 & 양 셀 수 있는 명사/셀 수 없는 명사 앞
many 많은	much 많은	a lot of, lots of 많은
a few 조금, 약간 (긍정)	a little 조금, 약간 (긍정)	some 약간의 (긍정문, 권유의 의문문)
few 거의 없는 (부정)	little 거의 없는 (부정)	any 약간의 (부정문, 의문문)

셀 수 없는 명사

고유명사	추상명사	물질명사			
		고체	가루	액체	기체
Steve	love	gold	salt	water	gas
Korea	freedom	cheese	sugar	milk	oxygen
Mt. Everest	honor	money	flour	coffee	

음식, 음료와 자주 함께 사용되는 단위

a cup of tea/coffee 차/커피 한 잔	*a bottle of* wine/beer 포도주/맥주 한 병	*a slice of* cheese/bread 치즈/빵 한 장
a glass of water/juice 물/주스 한 잔	*a spoonful of* sugar/medicine 설탕/약 한 숟가락	*a bag of* flour/potatoes 밀가루/감자 한 봉지
a carton of milk/eggs 우유/달걀 한 통	*a pitcher of* lemonade/water 레모네이드/물 한 주전자	*a bowl of* cereal/soup/rice 시리얼/수프/밥 한 공기
a pound of meat/onions 고기/양파 1파운드	*a gallon of* gas/milk 휘발유/우유 1갤런	*a barrel of* oil/apples 기름/사과 한 통

불규칙 복수 명사

단수	복수	단수	복수	단수	복수
man	men	woman	women	child	children
tooth	teeth	foot	feet	goose	geese
ox	oxen	datum	data	mouse	mice
fish	fish	deer	deer	focus	foci

비교급 ~보다 더 …한, ~보다 더 …하게 (비교 대상이 둘일 때)

▶ 비교급을 만드는 세 가지 방법

형용사/부사+-er		more + 2음절 이상의 형용사/부사		불규칙	
원급	비교급	원급	비교급	원급	비교급
smart	smarter	important	more important	good	better
big	bigger	beautiful	more beautiful	bad	worse
happy	happier	difficult	more difficult	many	more

최상급 가장 ~한, 가장 ~하게 (비교 대상이 셋 이상일 때)

▶ 최상급을 만드는 세 가지 방법

형용사/부사+-est		most + 2음절 이상의 형용사/부사		불규칙	
원급	최상급	원급	최상급	원급	최상급
tall	tallest	interesting	most interesting	good	best
large	largest	famous	most famous	bad	worst
busy	busiest	useful	most useful	many	most

비교급 vs. 최상급

	비교급	최상급
대상	둘을 비교할 때 사용	셋 이상을 비교할 때 사용
의미	~보다 더 …한, ~보다 더 …하게	가장 ~한, 가장 ~하게
형태	비교급 + than	the + 최상급 + of/all
예문	Ann is **older than** Bill. 앤은 빌보다 더 나이가 많다.	Tom is **the oldest of all**. 탐은 모든 사람들 중에서 가장 나이가 많다.

빈도 부사

▶ 빈도 부사는 어떤 일이 얼마나 자주 일어나는지를 나타내는 말이다.

주어	빈도 부사	일반동사	빈도
He	always 항상 usually 보통, 대개 often 자주 sometimes 가끔 seldom 드물게 rarely/hardly 거의 ~않는 never 절대로 ~않는	gets up at 6:00.	100% 0%

▶ 빈도 부사는 일반동사 앞, be동사와 조동사 뒤에 위치한다.

He **is** **always** busy. 그는 항상 바쁘다.
   be동사 빈도 부사

동사 12시제 & 형태

기본 시제			진행 시제		
현재	과거	미래	현재진행	과거진행	미래진행
현재형	과거형	will + 동사원형	am/are/is +-ing	was/were +-ing	will be +-ing

완료 시제			완료진행 시제		
현재완료	과거완료	미래완료	현재완료진행	과거완료진행	미래완료진행
have p.p.	had p.p.	will have p.p.	have been -ing	had been -ing	will have been -ing

불규칙 동사표

▶ A-A-A형

의미	원형	과거형	과거분사형
자르다	cut	cut	cut
치다	hit	hit	hit
읽다	read	read	read
놓다, 두다	put	put	put
다치다	hurt	hurt	hurt
시키다	let	let	let
놓다, 설정하다	set	set	set
그만두다	quit	quit	quit
닫다	shut	shut	shut

▶ A-B-B형

의미	원형	과거형	과거분사형
데려오다	bring	brought	brought
사다	buy	bought	bought
생각하다	think	thought	thought
가르치다	teach	taught	taught
말하다	tell	told	told
먹이를 주다	feed	fed	fed
만나다	meet	met	met
지키다	keep	kept	kept
자다	sleep	slept	slept
느끼다	feel	felt	felt
가지다	have	had	had
찾다	find	found	found
떠나다	leave	left	left
이기다	win	won	won
잃어버리다	lose	lost	lost
만들다	make	made	made
의미하다	mean	meant	meant
빌려주다	lend	lent	lent

▶ A-B-C형

의미	원형	과거형	과거분사형
시작하다	begin	began	begun
수영하다	swim	swam	swum
노래하다	sing	sang	sung
입다	wear	wore	worn
운전하다	drive	drove	driven
떠오르다	rise	rose	risen
쓰다	write	wrote	written
말하다	speak	spoke	spoken
가져가다	take	took	taken
깨뜨리다	break	broke	broken
던지다	throw	threw	thrown
불다	blow	blew	blown
알다	know	knew	known
자라다	grow	grew	grown
날다	fly	flew	flown
잊다	forget	forgot	forgotten
용서하다	forgive	forgave	forgiven
떨어지다	fall	fell	fallen
얻다	get	got	gotten/got
훔치다	steal	stole	stolen
보다	see	saw	seen
숨기다	hide	hid	hidden

초판1쇄 발행 | 2017년 6월 16일

| 총 괄 | 류남이 EBS 온라인교육사업부 부장
| | 한정림 ㈜잉글리시헌트 대표이사
| 기 획 | 잉글리시헌트연구소, EBS 차공근
| 집 필 | 잉글리시헌트연구소, Grace Kim
| 콘텐츠개발 | 양윤선, 김하나, 윤미숙, 옥경숙, 박건일
| | 이철희, 이순구, 심소연, 장문근, 이아론
| 원어민감수 | Paul Edwards, Becky Elliot
| 편집디자인 | 구진희
| 사 진 | Shutterstock

| 발행처 | 지성공간
경기도 파주시 문발동 광인사길 71

전 화 | (031) 955-6952
팩 스 | (031) 955-6037
출판등록 제406-2008-000067호
온라인 / 모바일강의 www.ebslang.co.kr
ISBN | 979-11-86317-22-8

저작권자 ⓒ EBS, ㈜잉글리시헌트
All rights reserved including the rights of reproduction in whole or part in any form. Printed in Korea.